Selbstgesteuertes Lernen im Deutschunterricht

Elfriede Kuntz

Charakterisieren lernen.
Individuelles Üben an Lernstationen

Jahrgänge 7/8

Bildnachweis:

S. 10, 39, 64: Foto: Elfriede Kuntz – **S. 25, 29, 30, 34:** Verlagsarchiv Schöningh/Kassing – **S. 44 o.:** © PhotoAlto/Frederic Cirou – **S. 44 u., 45, 49, 51:** Foto: G. Schlottmann – **S. 46 o.:** Foto: U. Grabowsky – **S. 46 u.:** argum/Christian Lehsten – **S. 50, 52:** Susanne Kracke/STOCK4B – **S. 54, 55, 56:** entnommen aus: Heinrich Hoffmann: Der Struwwelpeter. Leipzig 1979

© 2012 Bildungshaus Schulbuchverlage
Westermann Schroedel Diesterweg Schöningh Winklers GmbH
Braunschweig, Paderborn, Darmstadt

www.schoeningh-schulbuch.de
Schöningh Verlag, Jühenplatz 1–3, 33098 Paderborn

Das Werk und seine Teile sind urheberrechtlich geschützt.
Jede Nutzung in anderen als den gesetzlich zugelassenen Fällen bedarf der
vorherigen schriftlichen Einwilligung des Verlages.
Hinweis zu § 52a UrhG: Weder das Werk noch seine Teile dürfen ohne eine
solche Einwilligung gescannt und in ein Netzwerk gestellt werden.
Das gilt auch für Intranets von Schulen und sonstigen Bildungseinrichtungen.

Auf verschiedenen Seiten dieses Buches befinden sich Verweise (Links) auf
Internet-Adressen. Haftungshinweis: Trotz sorgfältiger inhaltlicher Kontrolle wird
die Haftung für die Inhalte der externen Seiten ausgeschlossen. Für den Inhalt
dieser externen Seiten sind ausschließlich deren Betreiber verantwortlich. Sollten
Sie dabei auf kostenpflichtige, illegale oder anstößige Inhalte treffen, so bedauern
wir dies ausdrücklich und bitten Sie, uns umgehend per E-Mail davon in Kenntnis
zu setzen, damit beim Nachdruck der Verweis gelöscht wird.

Druck 5 4 3 2 1 / Jahr 2016 15 14 13 12
Die letzte Zahl bezeichnet das Jahr dieses Druckes.

Umschlaggestaltung: Schöningh Verlag, Paderborn
Druck und Bindung: westermann druck GmbH, Braunschweig

ISBN 978-3-14-022234-1

Inhaltsverzeichnis

Didaktische Überlegungen   5

1. Didaktische Begründung   5
2. Bestandsaufnahme   5
3. Sachanalyse und Lernzielbestimmung   6

„Personen charakterisieren" als Kompetenz   8

1. Kompetenz und Teilkompetenzen   8
2. Kompetenzerwerb durch Erfahrung und Routinebildung   8
3. Kompetenz und Wissen   8
4. Kompetenzerwerb durch Reflexion   9
5. Kompetenzerwerb und Binnendifferenzierung   9

Binnendifferenzierende Lernstationen als Methode des Kompetenzerwerbs   10

1. Binnendifferenzierendes Angebot an den Stationen   10
2. Einsatz der binnendifferenzierenden Lernstationen zur Kompetenzentwicklung   12
3. Diagnose und Binnendifferenzierung   12
4. Brief an die Klasse, Laufzettel, Schreibanleitung, Checkliste, Portfolio, Lernerfolgskontrolle   12

Durchführung der Unterrichtseinheit   13

Phase 1: Einführung der Charakteristik in Klasse 7 oder 8   14

Arbeitsblatt 1: Einstieg: Stegreifspiel   14
Arbeitsblatt 2: ABCDarium der menschlichen Eigenschaften   15
Arbeitsblatt 3: Ratespiele „Wer steckt dahinter?"   16
Arbeitsblatt 4: Analyse einer Schülerarbeit. Kriterien für eine gelungene Charakteristik   17
Arbeitsblatt 5: Lernen, nicht vorschnell über jemanden zu urteilen   18

Lehrerhinweise zu den Arbeitsblättern 1–5   19

Phase 2: Diagnose des Lernstandes auf der Grundlage einer schriftlichen Charakteristik   21

Beispielaufsätze Felix und Adrian   21

Kompetenzraster „Charakterisieren"   22

Phase 3: Arbeit an den Stationen   24

Brief an die Klasse   24
Laufzettel zu den Lernstationen   25
Checkliste zur Analyse und Überarbeitung von eigenen oder fremden Charakteristiken   27
Anleitung zum Schreiben einer Charakteristik   28

Inhaltsverzeichnis

		Niveau gem. Kompetenzraster:	Seite
Station 1 a/b:	Personen mit Adjektiven charakterisieren und dabei auf Bedeutungsunterschiede achten	B, C; red. Fassung: A, B	29
Station 2:	Charakterisierende Adjektive sammeln	A, B, C	34
Station 3 a/b:	Sich selbst charakterisieren und dabei einem Schreibplan folgen	B, C	35
Station 4:	Vom Sprechen auf den Charakter schließen I	A, B	39
Station 5 a/b:	Eine Charakteristik analysieren und überarbeiten	A, B	40
Station 6:	Vom Sprechen auf den Charakter schließen II	C	44
Station 7:	Vom Sprechen auf den Charakter schließen III	A, B	45
Station 8 a/b:	Vom Äußeren auf den Charakter schließen	B, C	47
Station 9 a/b:	Einen Text überarbeiten – abwechslungsreich schreiben	B, C	49
Station 10 a/b:	Einen Text überarbeiten – abwechslungsreich schreiben	A, B	51
Station 11:	Sprachlich abwechslungsreich charakterisieren mit Adjektiven, Substantiven und Verben	A, B	53
Station 12:	Figuren nach bildlicher Darstellung charakterisieren	A, B	54
Station 13 a/b:	Treffende Adjektive finden	B, C; red. Fassung: A, B	57
Station 14 a/b:	Wortfelder überblicken	C; red. Fassung: A, B	62
Station 15:	Eine Charakteristik in der Diskussionsrunde bewerten	B, C	64
Station 16:	Wortfelder legen	B, C	66
Station 17:	Einen zusammenhängenden Text erstellen	A, B	69
Station 18:	In eine schriftliche Charakteristik einsteigen	A, B	70
Station 19:	Eine Charakteristik abrundend beenden	A, B	71

Lehrerhinweise zu den Stationen 1–19   72

Phase 4: Auswertung und Leistungskontrolle   87
Die Auswertung des Laufzettels   87
Die Auswertung des Portfolios   87
Leistungsüberprüfung   88
Test   89

Lösungen zum Test   91

Verwendete Abkürzungen:

EA = Einzelarbeit
PA = Partnerarbeit
GA = Gruppenarbeit

Didaktische Überlegungen

Gewidmet Christina Ströhm, Theresa Guidi, Philipp Erben und den anderen Schülerinnen und Schülern des Ludwig-Wilhelm-Gymnasiums Rastatt, die mit ihrer engagierten Mitarbeit wesentlich zur Entstehung der Lernstationen beigetragen haben!

Rastatt, im Januar 2012   *Elfriede Kuntz*

Didaktische Überlegungen

1. Didaktische Begründung

Es gehört zu den selbstverständlichen sprachlichen Leistungen, Menschen einzelne Charaktereigenschaften zuzuweisen und sie auf diese Weise zu beurteilen. Schon in den ältesten Heldenepen der vorchristlichen Zeit[1] wurden, je nach den moralischen Vorstellungen der Zeit, den Menschen einzelne Charaktereigenschaften zugeordnet, die mit einer Wertung verbunden waren. Allerdings beschränkte man sich dabei auf einzelne Aspekte der Person, ohne dass man deren Stellenwert im Gefüge des individuellen Charakters zu erfassen suchte. Letzteres geschah erst in der 2. Hälfte des 19. Jahrhunderts, als mit der Entwicklung der Wissenschaften, wie z. B. der Psychologie, Psychiatrie, Kriminalistik usw., aber auch mit dem Anwachsen der Städte das Bedürfnis entstand, Menschen möglichst schnell und objektiv zu erfassen.

Wie wichtig es für das familiäre, berufliche und gesellschaftliche Zusammenleben in der Gegenwart und in der Zukunft der jungen Menschen ist, menschliche Charaktere erfassen und sie möglichst vorurteilsfrei bewerten zu können, liegt auf der Hand. Es ist deshalb eine vorrangige Aufgabe des Deutschunterrichts, diese Kompetenz zu entwickeln, zumal sie auch für die Erschließung von Literatur von fundamentaler Bedeutung ist: Wie bei der Charakterisierung von Personen, die man kennt und mit denen man zu tun hat, wird auch bei literarischen Figuren vom Handeln und Sprechen auf den Charakter geschlossen. Dem tragen die Bildungspläne in den einzelnen Bundesländern Rechnung. Dem didaktischen Prinzip der Progression folgend wird die Entwicklung dieser wichtigen Kompetenz mit der Personenbeschreibung in der Unterstufe begonnen, in der Mittelstufe mit der Personencharakteristik erweitert und im weiteren Verlauf durch die Analyse und die Charakteristik literarischer Figuren vertieft.[2]

2. Bestandsaufname

Wenn Kinder und junge Menschen sich gegenseitig charakterisieren, fällt auf, wie undifferenziert dies oft geschieht. Besonders in schriftlichen Arbeiten zeigt sich, dass das Repertoire an charakterisierenden Adjektiven, Substantiven und Verben beschränkt ist. Mehrere Versuche in verschiedenen Klassen haben das bestätigt: Die Schülerinnen und Schüler werden aufgefordert, einen Klassenkameraden oder eine Klassenkameradin mit drei Adjektiven so zu charakterisieren (siehe Arbeitsblatt 3, S. 16), dass die Person von den anderen schnell zu identifizieren ist. Ein Blick auf die Kärtchen (siehe Abbildung) lässt schnell erkennen, warum die Identifikation sich lange hinzieht und meistens abgebrochen werden muss.

---

[1] Pavel Flegel: Sprachliche und psychologische Aspekte der Charaktererschließung und Charaktererfassung, Marburg (Tectum Verlag) 2001, S. 9

[2] Bildungsplan Baden-Württemberg, Standards Deutsch Kl. 6: Die Schülerinnen und Schüler können [...] in einfacher Weise Personen, Gegenstände und Vorgänge beschreiben; Kl. 8: [...] Gegenstände, Vorgänge, Wege, Orte, Personen und Bilder beschreiben; [...] Personen, auch literarische Figuren, charakterisieren. Kl. 10: [...] literarische Figuren charakterisieren [...]

Didaktische Überlegungen

Ein Blick in Abiturzeitungen, in denen Kurskameradinnen und -kameraden sich gegenseitig charakterisieren, bestätigt dies. Im Folgenden finden sich die Adjektive und Formulierungen, mit denen die Abiturientin Jana charakterisiert wird:

> ruhig (7 ✕) – hat immer gute Noten – total lieb – wenn sie aus sich rauskommt, ist sie supernett – knabbert immer an ihren Haaren – Deutsch-Ass – eher ruhig, aber total nett (3 ✕) – süße Maus – ne ganz Ruhige (2 ✕) – Warum ist sie so ruhig? – ne ganz Liebe (2 ✕) – still (4 ✕) – 9 Jahre Gymnasium zusammen verbracht und nie ein Wort gewechselt – glaub total lieb, aber still (2 ✕) – ganz nett – ganz nett, aber müsste mal ein bisschen mehr aus sich rauskommen – zurückhaltend – stille Wasser sind tief (2 ✕) – eine liebe und hilfsbereite Person – wird oft mit Ana verwechselt – eigentlich ganz lieb – Murenwalds Liebling – versteht man nicht, wenn sie spricht, aber trotzdem ne ganz Liebe;-) – still, aber eigentlich ein kleines Streberle – freundlich – nett – hilfsbereit – meine Leidensgenossin in Sport, witzig!!! J – zurückhaltend, aber ein netter und kritisch denkender Mensch – kenn sie nicht so gut, aber sie macht nen netten Eindruck – still, aber schlau

Das Repertoire an charakterisierenden Adjektiven ist begrenzt, es fehlen die Fähigkeit zur differenzierten Bewertung und der Blick für Nuancen. Was heißt denn, dass Jana ruhig und still ist? Ist das positiv oder doch, wie die Formulierungen vermuten lassen, negativ gemeint? Was bedeutet „ganz lieb" oder „eine ganz Liebe"? Ist das so positiv gemeint, wie es zunächst scheint? Die Schwierigkeiten zeigen sich auch deutlich im Aufsatz (Charakteristik, auch literarische). Die Schülerinnen und Schüler wissen oft nicht, woraus sie ihre Bilder von Personen und Figuren ableiten bzw. ableiten sollen. Auch neigen sie zu vorschnellen Schlüssen, z.B. vom Aussehen auf den Charakter, und machen sich keine Gedanken über die Folgen, die eine vorschnelle Charakterisierung für die Person haben kann. Sie lassen sich auch leichter durch die Bilder, die andere von einem Menschen haben, beeinflussen. Der Umgang mit dem Urteil Dritter wird in dieser Phase des Kompetenzerwerbs (Einstieg, Grundfertigkeiten) noch ausgeklammert. Dieses Thema sollte aufgrund der Komplexität auf einer weiteren curricularen Stufe in die Charakterisierung einbezogen werden.

Die vorliegende Unterrichtsreihe stellt ein Angebot zum nachhaltigen Erwerb der Kompetenz, Menschen treffend, fair und möglichst objektiv zu charakterisieren, dar. Dabei übernehmen die Schülerinnen und Schüler im Sinne des selbstgesteuerten Lernens Verantwortung für ihre Lernfortschritte.

3. Sachanalyse und Lernzielbestimmung

Im Folgenden wird unter Charakteristik eine mündliche Form oder eine Schreibform verstanden, mit der eine faire, gerechte und möglichst lebendige Vorstellung von einem Menschen oder einer literarischen Figur vermittelt wird, die ihn als unverwechselbares Individuum erscheinen lässt. In der gesprochenen Sprache entsprechen der Schreibform weniger elaborierte Formen.

Charakterisieren bedeutet immer auch eine wertende Auseinandersetzung mit der entsprechenden Person oder Figur und hat somit auch eine ethisch-moralische Dimension.

Das mündliche und vor allem das schriftliche Charakterisieren schulen den Blick auf den Menschen, vor allem auf den Zusammenhang von Wesen und Erscheinung, und erziehen zu einer offenen Haltung anderen gegenüber.

Es trägt also in besonderer Weise zur Entwicklung personaler und sozialer Kompetenz bei. Damit werden auch die Voraussetzungen für die ergiebige Auseinandersetzung mit Literatur bzw. literarischen Figuren geschaffen.

Didaktische Überlegungen

Zielsetzungen des Unterrichtsangebots:	
Das Lernen an den Stationen soll den Schülerinnen und Schülern bewusst machen, ● woraus sie ihre Bilder von Personen gewinnen, ● dass ihre Wahrnehmungen und die Schlüsse, die sie aus der äußeren Erscheinung und der Handlungsweise auf das Wesen eines Menschen ziehen, aus einer subjektiven Sicht erfolgen, ● dass sie sich deshalb um Objektivität bemühen sollen.	Das Lernen an den Stationen soll ● die inhaltlichen, sprachlichen und auch die ethisch-moralischen Voraussetzungen für eine differenzierte Charakterisierung von Menschen, sei es im Alltag oder in der Literatur, schaffen, ● Empathiefähigkeit entwickeln, ● die Schülerinnen und Schüler in die Lage versetzen, eine zusammenhängende Charakteristik zu schreiben und so der Individualität einer Person oder einer Figur deutliche Konturen zu verleihen.

Angesichts der Bedeutung, die das Charakterisieren bzw. Bewerten und Beurteilen von Personen in der Gegenwart und in der Zukunft für die jungen Menschen hat – dazu gehört später auch das Charakterisieren von literarischen Figuren im Literaturunterricht –, ist es wichtig, die Lernstationen gleich im Anschluss an die Einführung in das Charakterisieren in Klasse 7 oder 8 einzusetzen. Ein Vorschlag für eine Einführungsphase findet sich auf S. 14 ff. Ein großer Teil der Lernstationen kann je nach Leistungsstand und Heterogenität der Lerngruppe auch noch in Klasse 9 eingesetzt werden.

7

„Personen charakterisieren" als Kompetenz

Die Ausführungen auf S. 5 ff. lassen erkennen, dass „Personen und/oder Figuren charakterisieren" im Sinne der aktuellen Bildungspläne der Länder als eine Kompetenz verstanden wird. Diese Grundvoraussetzung ist von zentraler Bedeutung für die Gestaltung des Lernarrangements bzw. das konkrete Angebot an den einzelnen Stationen.

Der den Bildungsplänen zugrunde gelegte Kompetenzbegriff folgt weitgehend der Definition Weinerts[1]. In seinem Sinne werden Kompetenzen im Folgenden „als erlernbare, kognitiv verankerte Fähigkeiten und Fertigkeiten verstanden, die eine erfolgreiche Bewältigung bestimmter Anforderungssituationen ermöglichen. Der Begriff umfasst auch Interessen, Motivationen, Werthaltungen sowie soziale Bereitschaft. Kompetenzen sind demnach kognitive Dispositionen für erfolgreiche und verantwortliche Denkoperationen oder Handlungen"[2]. Es geht dabei um die Bewältigung fachbezogener Anforderungen, wie sie in den Standards der Bildungspläne beschrieben sind, z. B. den Inhalt eines Textes zusammenzufassen, einen Standpunkt zu vertreten, Informationen strukturiert und anschaulich weiterzugeben und eine Person bzw. eine literarische Figur zu charakterisieren.

Bei der Ausbildung einer Kompetenz wie der des Charakterisierens von Personen bzw. Figuren spielen mehrere Aspekte eine zentrale Rolle, die für die Konzeption dieser Unterrichtsreihe relevant sind:

1. Kompetenz und Teilkompetenzen

Eine Kompetenz setzt sich in der Regel aus **Teilkompetenzen** zusammen.

- Beim Charakterisieren einer bekannten Person ist es wichtig, **genau zu beobachten**, auch das Äußere wahrzunehmen und das Verhalten zu beschreiben. Beim Charakterisieren literarischer Figuren kommt es auf **Lesekompetenz** an, d. h. die Fähigkeit, aus dem Text alle für die Charakterisierung wichtigen Informationen zu entnehmen.

- Außerdem muss eine gewisse **„hermeneutische" Kompetenz** in dem Sinne vorhanden sein bzw. entwickelt werden, dass aus Handlungs- und Verhaltensweisen sowie aus dem Gesprächsverhalten auf Charaktereigenschaften, Haltungen und Einstellungen geschlossen werden kann.

- Notwendige Voraussetzung ist ein **differenziertes Repertoire an geeigneten Wörtern und Wendungen**, vor allem an charakterisierenden Adjektiven, und die Fähigkeit, charakterisierende von anderen Adjektiven zu unterscheiden.

- Dazu gehört die Kompetenz, einen in sich schlüssigen, die einzelnen Aspekte der Persönlichkeit aufeinander beziehenden kohärenten mündlichen und vor allem **schriftlichen Text zu produzieren**, d. h. im Sinne der prozessorientierten Schreibdidaktik zu planen, zu formulieren und zu überarbeiten.

2. Kompetenzerwerb durch Erfahrung und Routinebildung

Kompetenzerwerb findet statt durch Wiederholung, d. h. durch intensives vielfältiges und wiederholtes Üben, das auch Routinebildung ermöglicht. Ein Lernarrangement muss deshalb viele abwechslungsreiche Übungsmöglichkeiten (s. u.) bieten.

3. Kompetenz und Wissen

Kompetenzerwerb ist eng mit dem **Aufbau von inhaltlichem und methodischem Wissen** verknüpft. Dabei geht es nicht um „totes", sondern „intelligentes" Wissen, das bei der Bewältigung fachspezifischer Anforderungen hilfreich ist und immer wieder aktiviert wird. Das Lernarrangement muss deshalb so gestaltet sein, dass auf das notwendige Wissen, hier in Form einer Anleitung zum Schreiben einer Charakteristik (S. 28) und einer Checkliste zur Analyse und Überarbeitung von Charakteristiken (S. 27), immer zurückgegriffen werden kann.

---

[1] Weinert definiert Kompetenzen als „die bei Individuen verfügbaren oder durch sie erlernbaren kognitiven Fähigkeiten und Fertigkeiten, um bestimmte Probleme zu lösen, sowie die damit verbundenen motivationalen, volitionalen und sozialen Bereitschaften und Fähigkeiten, um die Problemlösungen in variablen Situationen erfolgreich und verantwortungsvoll nutzen zu können".
Weinert, F. E.: Vergleichende Leistungsmessung in Schulen – eine umstrittene Selbstverständlichkeit, in: Weinert, F. E. (Hrsg.): Leistungsmessungen in Schulen. Weinheim und Basel 2001, S. 27 f.

[2] Ministerium für Kultus, Jugend und Sport Baden-Württemberg (Hrsg.): Neue Lernkultur. Lernen im Fokus der Kompetenzorientierung. Individuelles Fördern in der Schule durch Beobachten – Beschreiben – Bewerten – Begleiten, Stuttgart 2009, S. 3

4. Kompetenzerwerb durch Reflexion

Vertiefung und Ausprägung einer Kompetenz geschehen auch durch die kritische Auseinandersetzung mit den erarbeiteten Inhalten. Durch die Wahl der Sozialformen (Partnerarbeit, Gruppenarbeit) ergibt sich immer wieder die Notwendigkeit, sich über die Lösungen auszutauschen. Auf der Metaebene setzen sich die Schülerinnen und Schüler mit dem Charakterisieren auch auseinander, wenn sie Lösungen analysieren und bewerten (Stationen 18 und 19), analysieren und für die eigene Produktion übernehmen, z. B. den einem Text zugrunde liegenden Aufbauplan herausarbeiten (Station 3a/b „Dennis/Laura sucht über das Internet einen Brieffreund") und eine Charakteristik analysieren und überarbeiten („Station 5 a/b „Wurde Lena/Sven gut getroffen?", Station 9a/b „Julia, meine beste Freundin/Herr Ruhl, unser Sportlehrer").

5. Kompetenzerwerb und Binnendifferenzierung

Da Lernen ein individueller Prozess ist, abhängig z. B. vom Vorwissen, von den Erfahrungen und der Motivation, und da unsere Klassen sehr heterogen sind, muss ein Übungsangebot so beschaffen sein, dass es **Schülerinnen und Schülern unterschiedlichen Leistungsvermögens und -standes, mit unterschiedlichen Interessen, unterschiedlichen Lerngeschwindigkeiten, unterschiedlicher Motivation usw. ein effektives Lernen ermöglicht**. Dazu bietet sich ganz besonders das Lernen und Üben an Lernstationen an.

Die vorliegende Unterrichtskonzeption weist auch eine **geschlechtsspezifische Binnendifferenzierung** auf. An mehreren Stationen haben die Schülerinnen und Schüler die Möglichkeit, zwischen zwei Aufgaben zu wählen, wobei die Unterschiede darin bestehen, dass eine männliche oder eine weibliche Person im Zentrum der zu bearbeitenden Aufgabe steht.

Diese Differenzierung basiert primär auf Erfahrungswerten, die allerdings im Einklang stehen mit wissenschaftlichen Erkenntnissen, z. B. was den Zusammenhang von Motivation und Leseverhalten betrifft. Beim mehrmaligen Einsatz einer ersten Version der vorliegenden Lernstationen ohne geschlechtsspezifisches Angebot waren vor allem die Jungen, wie der Rückmeldebogen ergab, deutlich weniger motiviert bei der Lösung von Aufgaben, wenn im Mittelpunkt der zu analysierenden Charakteristik ein Mädchen oder eine Frau stand. Auch waren die Ergebnisse an diesen Stationen bei den Jungen schlechter als bei den Mädchen. Das Lernangebot wurde deshalb dahingehend erweitert, dass an vielen Stationen Aufgaben mit einer weiblichen und einer männlichen Person oder Figur vorlagen. Dabei blieb es den Jungen und Mädchen überlassen, welche Aufgabe sie auswählten. Dies führte zu einer deutlichen Zunahme der Motivation bei den Jungen, die nun einzelne Stationen, vor allem die Stationen 3, 5 und 9, insgesamt positiver aufnahmen.

Binnendifferenzierende Lernstationen als Methode des Kompetenzerwerbs

1. Binnendifferenzierendes Angebot an den Stationen

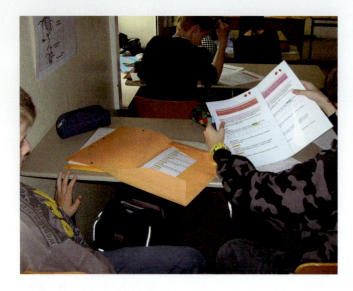

In einer heterogenen Klasse ergibt sich das Leistungsgefälle dadurch, dass die Teilkompetenzen unterschiedlich ausgeprägt sind. Zum Beispiel können einzelne Schülerinnen und Schüler sehr wohl vom Handeln und Sprechen auf Persönlichkeitsmerkmale schließen, verfügen aber kaum über das notwendige differenzierende Repertoire an Adjektiven. Andere sind noch unsicher beim Zusammenführen einzelner Beobachtungen zu einem Gesamtbild der Person oder beim Verfassen eines kohärenten Textes. Das bedeutet, dass ein Übungsangebot nicht nur **jede Teilkompetenz, sondern jede Teilkompetenz auf unterschiedlichem Anspruchsniveau**, also mehrfach, „bedienen" muss.

Wie ist das Lernarrangement im Einzelnen binnendifferenziert gestaltet?

Die Binnendifferenzierung erfolgt grundsätzlich durch die **Fokussierung der Teilkompetenzen**, z. B. durch

– zahlreiche Übungen zur **Erweiterung der sprachlichen Ausdrucksmöglichkeiten**, vor allem des lexikalischen Repertoires, zur präzisen differenzierten Benennung von Charaktereigenschaften:
- Station 1 mit Domino-Spiel und Memory,
- Station 2 mit der „Charakterschlange",
- Station 11 durch die Ersetzung von charakterisierenden Adjektiven durch charakterisierende verbale oder nominale Ausdrücke,
- Station 13 durch die Zuordnung von Definition und Adjektiven,
- Station 14 durch das Suchen von Kuckuckseiern,
- Station 16 durch das Bilden von Wortfeldern.

– gezielte „hermeneutische" Übungen, um zu lernen, **vom Äußeren, von Handlungs- und Verhaltensweisen sowie aus dem Gesprächsverhalten auf Charaktereigenschaften, Haltungen und Einstellungen zu schließen**:
- Station 4 mit einem Tondokument („Sarah und Tina im Gespräch") auf den Charakter schließen,
- Station 6 nach der Vorgabe von charakterisierenden Adjektiven Personen sprechen lassen,
- Station 7 aus direkter Rede Charaktereigenschaften „heraushören",
- Station 8 von der äußeren Erscheinung auf Wesenszüge schließen,
- Station 12 Figuren nach bildlicher Darstellung charakterisieren.

– die Analyse und Überarbeitungen von Charakteristiken, um im Sinne der prozessorientierten Schreibdidaktik zu lernen, **eine zusammenhängende, sinnvoll aufgebaute und sprachlich abwechslungsreiche Charakteristik zu gestalten**:
- Station 3 den Aufbauplan einer Charakterisierung erarbeiten,
- Station 5 eine Charakteristik analysieren und sprachlich überarbeiten,
- Stationen 9 und 10 einen Text überarbeiten,
- Station 15 eine Charakteristik in der Diskussionsrunde bewerten,
- Station 17 einen zusammenhängenden Text erstellen,
- Station 18 in eine schriftliche Charakteristik einsteigen,
- Station 19 eine Charakteristik abrundend beenden.

– Binnendifferenzierung über ein **qualitativ unterschiedliches Angebot zu einzelnen Teilkompetenzen**, also durch leichtere und schwerere, d. h. in der Regel komplexere Aufgaben:
- Station 6 und 7 trainieren die **gleiche Teilkompetenz auf unterschiedlichem Niveau (qualitative Differenzierung)**: aus direkter Rede Charaktereigenschaften „herauszuhören" und vom Sprechen

auf den Charakter zu schließen (Station 7), fällt den Schülerinnen und Schülern leichter, als nach vorgegebenen Charaktereigenschaften Menschen in einer bestimmten Situation sprechen zu lassen (Station 6).

- Bestimmte Trainingsstationen sind so angelegt, dass die Lehrperson sie **quantitativ, also nach dem stofflichen Umfang**, reduzieren kann, so dass zwei Stationen entstehen. So kann das Memory bzw. das Domino-Spiel (Station 1) mit 64 Karten an einer anderen Station mit 32 gespielt werden; wobei die Lehrperson entscheidet, welche Karten für die jeweilige Adressatengruppe angemessen sind. Bei der Zuweisung an die entsprechenden Stationen wird man das allgemeine Arbeits- und Lerntempo der Lernenden berücksichtigen, aber auch den Leistungsstand. In dieser Weise kann auch mit den Stationen 11, 12, 13, 14 und 16 verfahren werden, so dass sich weitere Möglichkeiten der Binnendifferenzierung ergeben.
- Qualitativ und quantitativ differenziert wird durch **Aufgaben mit und ohne Hilfestellungen**: An den Stationen 9 und 10 wird die gleiche Teilfähigkeit gefördert, nämlich das Schreiben einer Charakteristik. Durch Unterstreichung bzw. Markierung von Fehlern im Text der Station 10 „Julia, meine beste Freundin"/„Herr Ruhl, unser Sportlehrer" wird den Schülerinnen und Schülern ein Schritt der Überarbeitung abgenommen, so dass auch unsichere Schülerinnen und Schüler die Aufgabe lösen können und dennoch lernen, auf bestimmte sprachlich-stilistische Aspekte beim Schreiben zu achten (abwechslungsreich schreiben, Satzanfänge abwechslungsreich gestalten, Wortwiederholungen vermeiden). Die gleiche Aufgabe ohne Unterstreichung bzw. Markierung an der Station 9 enthält mehr Schwierigkeiten, die Fehler müssen erst identifiziert werden, so dass diese Aufgabe diejenigen lösen können, die schon sicherer sind.
- **Differenziert wird auch dadurch, dass an manchen Stationen das Wortmaterial vorgegeben ist** (Station 13 „Treffende Adjektive finden"; Station 14 „Kuckuckseier finden", Station 16 „Wortfelder legen"), d. h., das Niveau durch das Material und die Aufgabe bestimmt wird, an manchen nicht, so dass sich hier **Freiräume** eröffnen für ein Niveau, das von der zusammenarbeitenden Gruppe selbst bestimmt wird (z. B. Station 2 „Charakterschlange": Kontrolle und Förderung geschieht durch die Gruppe). In einer heterogenen Gruppe profitieren die Schwächeren von den Besseren.

- Unterschiedliche **Aufnahmekanäle bzw. Medien an den einzelnen Stationen und die Gestaltung der Stationen mit Bildmaterial** sind auch den unterschiedlichen Lerntypen geschuldet, insbesondere dem auditiven bzw. dem visuellen Typ:
  - Station 4 mit einem **Tondokument** als Ausgangspunkt,
  - Stationen 6, 7 und 12 mit **Bildimpulsen**.

- **Unterschiedliche Methoden** kommen den unterschiedlichen Lerngewohnheiten und den Bedürfnissen der Kinder und Jugendlichen zu einem bestimmten Zeitpunkt ihres individuellen Lernprozesses entgegen. So regen manche Stationen zum bewusst reflexiven Umgang mit Inhalten an, an anderen Stationen geht die Reflexion ins Spiel ein, z. B.:
  - Station 1 Memory bzw. Domino-Spiel,
  - Station 2 „Charakterschlange",
  - Station 14 Kuckuckseier finden.

- **Unterschiedliche Produktionsbedingungen kommen dem individuellen Lernen entgegen.** Die schriftliche Produktion erlaubt ein individuelles Bearbeitungstempo. Bei der spontanen mündlichen Produktion in der Gruppe im Spiel gibt es zum Beispiel kaum Vorbereitungszeit.

- Wichtig ist der Einsatz unterschiedlicher **Sozialformen** (EA, PA, GA), die dem Lernverhalten und den jeweiligen Bedürfnissen der Kinder und Jugendlichen entgegenkommen. Einen besonderen Stellenwert hat die konzentrierte Einzelarbeit, bei der die Lernenden zur Ruhe kommen und lernen, ein Problem selbstständig zu lösen. Bei der Partner- und Gruppenarbeit müssen die Partner nicht das gleiche Leistungsvermögen haben. Zur sozialen Bedeutung der Arbeitsweisen kommt hierbei die Förderung der Leistungsschwächeren durch die Leistungsstärkeren, aber auch die Förderung der „Stärkeren" im Sinne der Methode „Lernen durch Lehren" (LdL) durch die didaktische Aufbereitung des Stoffes, dessen am Leistungsvermögen des anderen orientierte Präsentation sowie die interaktive Auseinandersetzung mit den Inhalten.

- Dem individuellen Leistungsstand entgegen kommen **unterschiedliche Schreibformen**. Wer noch unsicher ist, charakterisiert nach vorgegebenem Modell bzw. schreibt einen Paralleltext (Station 3), andere gestalten eigenständig (Station 6, Station 8); wieder andere lernen durch das Überarbeiten von Texten (Station 15).

2. Einsatz der binnendifferenzierenden Lernstationen zur Kompetenzentwicklung

Lernstationen als Makromethode mit dem Konzept von Pflicht- und Wahlstationen werden normalerweise so eingesetzt, dass alle Schülerinnen und Schüler die Aufgaben an allen Pflichtstationen selbstständig bearbeiten, je nach Vorgabe alleine oder mit anderen und meistens in beliebiger Reihenfolge. Wenn sie die verbindlichen Pflichtstationen durchlaufen haben, wählen Sie unter den Wahlstationen eine bestimmte Anzahl aus und bearbeiten nun diese. Auch bei binnendifferenzierenden Lernstationen wird zwischen Pflicht- und Wahlstationen unterschieden, es gibt jedoch keine Pflichtstationen, die von allen durchlaufen werden müssen, **sondern jedem Mitglied der Lerngruppe werden auf der Grundlage von Diagnoseergebnissen von der Lehrperson bestimmte Stationen als Pflichtstationen zugewiesen.** An denen arbeiten die einzelnen Schülerinnen und Schüler, allein oder kooperativ und in beliebiger Reihenfolge. Darüber hinaus sind alle Stationen auch Wahlstationen: Jeder muss **neben den ihm zugewiesenen Pflichtstationen** aus den nicht bearbeiteten Stationen **eine bestimmte Anzahl von Wahlstationen** auswählen und die entsprechenden Aufgaben lösen. Die Lernenden sind bei der Auswahl dieser Stationen völlig frei. Das Konzept der hier vorgestellten binnendifferenzierenden Lernstationen stellt also keine Einschränkung des selbstgesteuerten Lernens dar.

3. Diagnose[1] und Binnendifferenzierung

Voraussetzung für die Förderung des Einzelnen, z. B. durch individuelle Hilfestellungen bei der Aufarbeitung von Schwächen oder durch Zusatzangebote in Teilkompetenzbereichen, ist eine kompetente **Diagnose**. Sie steht am Anfang jeder Binnendifferenzierung: Man muss die individuellen Lernprobleme und Leistungsmängel erst einmal kennen, wenn man individuell fördern will.

Die Diagnose erfolgt in der Regel über ein **Kompetenzraster**, das in der Vertikalen die Teilkompetenzen und -fähigkeiten, in der Horizontalen die Beschreibung des jeweiligen Verhaltens auf verschiedenen Niveaus enthält (S. 22 f.). Man unterscheidet zwischen Kompetenzraster für die Selbstdiagnose (*Ich kann ...*) und Kompetenzraster für die Fremddiagnose durch die Lehrperson. Im Folgenden wird die Fremddiagnose favorisiert. Es steht aber der Lehrperson frei, das Raster so umzuformulieren, dass es der Selbstdiagnose dienen kann.

4. Brief an die Klasse, Laufzettel, Schreibanleitung, Checkliste, Portfolio, Lernerfolgskontrolle

Der **Brief an die Klasse** (S. 24) dient der Transparenz. Er informiert schülergerecht über die Lernziele und die Methode und richtet sich auch an die Eltern, die mit der Makromethode der Lernstationenarbeit noch nicht vertraut sind. Die Schülerinnen und Schüler werden durch die persönliche Ansprache ernstgenommen, sie spüren, dass der Lehrperson an ihrem Lernen viel liegt, und überschauen, was auf sie zukommt.

Die Sicherung des Lernerfolgs geschieht zunächst durch den **Laufzettel** (S. 25), der nicht nur der Kontrolle und Orientierung dient, sondern vom Schüler bzw. der Schülerin verlangt, über die Arbeit an einer Station Rechenschaft abzulegen: Wie lange habe ich für die Erledigung an dieser Station gebraucht? Ist mir die Arbeit leicht oder schwer gefallen? Wo lagen die Probleme? Wie hat mir die Arbeit an der Station gefallen?

Die **Anleitung zum Schreiben einer Charakteristik** und die **Checkliste zur Analyse und Überprüfung von Charakteristiken** (S. 27 und 28) stellen wichtige Hilfsmittel dar, die an allen Stationen, an denen entsprechende Aufgaben gestellt werden, ausliegen. Sie sollen den Lernenden die Möglichkeit bieten, sich schnell Hilfe zu holen, um entsprechende Aufgaben zu lösen.

Das Herzstück der Inhaltssicherung ist das **Portfolio**, in dem die Ergebnisse der schriftlichen Aufgaben gesammelt werden. Es dient der Selbstüberprüfung sowie zur Überprüfung durch die Lehrperson. Dabei ist es wichtig festzuhalten, zu welchem Zeitpunkt die Aufgabe erledigt wurde: eher am Anfang des Stationenlernens oder in der Mitte bzw. am Schluss. Das erleichtert die faire Einschätzung oder Bewertung des Ergebnisses.

Die Lernstationen zielen primär nicht auf das Schreiben einer Charakteristik, sondern schaffen die Voraussetzungen dafür, z. B. durch Erweiterung des charakterisierenden Wortschatzes, durch Entwicklung des Sprachgefühls, Bewusstmachen des Aufbaus, partielle Fokussierung des Stils, Entwicklung der hermeneutischen Kompetenz und Begründen der Charakterisierung. Es empfiehlt sich deshalb, den Lernerfolg auch mithilfe eines **Tests** zu überprüfen, der passgenauer als eine Charakteristik Aussagen darüber erlaubt, was die Schülerinnen und Schüler an den Stationen gelernt haben.

---

[1] Paradies, Linser, Greving: Diagnostizieren, Fordern und Fördern. Berlin (Cornelsen) 2007

Durchführung der Unterrichtseinheit

Die Reihe umfasst folgende Teile:

Phase 1 (S. 14–20)

Fundamentumsphase: Hier werden in Klasse 7 oder 8 die grundlegenden Inhalte des Themas vermittelt.
Die Einführung der Charakteristik erfolgt in der Großgruppe und in folgenden Etappen:
Arbeitsblatt 1: Einstieg über ein Stegreifspiel
Arbeitsblatt 2: ABCDarium der menschlichen Eigenschaften
Arbeitsblatt 3: Ratespiel
Arbeitsblatt 4: Analyse einer Schülerarbeit
Arbeitsblatt 5: Stegreifspiel

Phase 2 (S. 21–23)

Diagnose des Lernstandes durch die Lehrperson auf der Grundlage einer schriftlichen Charakteristik, die die Schülerinnen und Schüler erstellen. Die Ergebnisse differieren erfahrungsgemäß stark. Eine Vorstellung davon vermitteln die beiden Aufsätze von Florian und Adrian (S. 21) im Vergleich mit der Charakteristik Tillmanns (S. 17), die zwar noch keinen Mustertext darstellt, aber bereits erkennen lässt, wohin der Weg führen soll.
Das Kompetenzraster soll für die Lehrperson eine Orientierungshilfe bieten. Es erleichtert die Arbeit und schärft und entwickelt den diagnostischen Blick, vor allem, wenn man die Diagnose zu zweit durchführen kann.

Phase 3 (S. 24–86)

Arbeit an den Stationen 1–19 mit Laufzettel, Sammeln der Ergebnisse im Portfolio. Auf der Grundlage der Diagnoseaufsätze und mithilfe des Rasters können den Schülerinnen und Schülern vier bis maximal sechs Pflichtstationen zugewiesen werden. Je nach Zeitfenster können weitere vier bis sechs Stationen als Wahlstationen gewählt werden.
Es ist günstig, wenn die Zahl der Stationen so groß ist, dass sich eine Klasse mit 32 Kindern und Jugendlichen gleichmäßig auf die Stationen verteilen kann. Wenn man alle Stationen auslegen will, empfiehlt es sich, eine Aula oder einen großen Raum zu verwenden.

> **Es empfiehlt sich, die Arbeitsmaterialien zu laminieren, damit sie mehrfach und über einen langen Zeitraum hinweg genutzt werden können.**

Phase 4 (S. 87–92)

Auswertung der Portfoliomappen und **Leistungskontrolle**

Phase 1

Arbeitsblatt 1 Einstieg: Stegreifspiel

Manfred geht in der Pause schnell noch einmal ins Klassenzimmer, um etwas zu holen. Da sieht er, wie **Jan** und **Paul** durchs Zimmer rennen. Dabei stoßen sie an Klaus' Schultasche. Diese kippt um und Bücher, Hefte, Schlüssel und Stifte fallen heraus. Jan und Paul werfen einen kurzen Blick auf das entstandene Chaos und verlassen das Klassenzimmer. „Na, Klaus wird sich ganz schön ärgern", sagt Manfred laut und grinst.
Als die Klasse nach dem Gong zurückkommt, sind einige schon über die Stifte und Hefte getrampelt, bevor Klaus seine Sachen zusammensuchen kann.

Arbeitsanweisungen:

1. Bildet Gruppen (3 – 4 Personen).

2. Lest die Geschichte durch und überlegt euch, wie ihr sie eindrucksvoll in Szene setzen könnt.

3. Verteilt die Rollen und spielt die Szene in der Klasse vor.

4. Tauscht euch über die Inszenierungen in der Klasse aus: Welches Spiel hat euch besonders überzeugt und warum?

5. Charakterisiert **Manfred**, **Jan** und **Paul** und begründet euren Eindruck.

Jan und Paul sind/verhalten sich/...

Charaktereigenschaften	Begründung
unachtsam	*weil sie nicht auf Klaus' Tasche achten*

Manfred ist

Charaktereigenschaften	Begründung

14

Phase 1

Arbeitsblatt 2 ABCDarium der menschlichen Eigenschaften

A	a wie aufrichtig _____
B	b wie beharrlich _____
C	c wie cholerisch _____
D	d wie dünnhäutig _____
E	e wie ehrgeizig _____
F	f wie feinfühlig _____
G	g wie gesellig _____
H	h wie hartnäckig _____
I	i wie inkonsequent _____
J	j wie jähzornig _____
K	k wie kleinlich _____
L	l wie leichtfertig _____
M	m wie missmutig _____
N	n wie nachgiebig _____
O	o wie optimistisch _____
P	p wie pessimistisch _____
Q	q wie quirlig _____
R	r wie rechthaberisch _____
S	s wie strebsam _____
T	t wie tatkräftig _____
U	u wie uneigennützig _____
V	v wie verschlossen _____
W	w wie wankelmütig _____
Z	z wie zielstrebig _____

Bitte keine „Allerweltsadjektive", wie z. B. nett, lieb, cool, eintragen!

Arbeitsanweisungen:

1. Klärt zunächst die Bedeutung der Adjektive, a) indem ihr andere Adjektive (Synonyme) findet, z. B. *jemand der aufrichtig ist, ist immer offen und ehrlich* oder b) indem ihr beschreibt, wie sich solche Menschen jeweils verhalten, z. B. *jemand, der aufrichtig ist, sagt immer die Wahrheit und lügt nicht.*

2. Findet zu den einzelnen Buchstaben weitere charakterisierende Adjektive, alleine oder zu zweit.

3. Tragt in der Klasse eure Ergebnisse vor und klärt die Adjektive, deren Bedeutung nicht ganz klar ist.

Phase 1

Arbeitsblatt 3   Ratespiele „Wer steckt dahinter?"

1. Ratespiel: „Wie sehe ich mich selbst?" – Sich selbst charakterisieren (in Gruppen)

Bildet Gruppen mit 6–8 Personen. Jeder erhält zwei Kärtchen.

a) Jedes Gruppenmitglied schreibt auf eines der Kärtchen drei Adjektive, von denen es denkt, dass sie den Schreiber oder die Schreiberin treffend charakterisieren. Schreibt auf die Rückseite möglichst in kleiner Schrift euren Namen.

b) Die Zettel oder Kärtchen werden gemischt und mit der beschriebenen Seite nach unten auf den Tisch gelegt.

c) Einer nimmt ein Kärtchen ab und liest die Adjektive darauf laut vor.

d) Die anderen stellen Vermutungen darüber an, wer sich mit diesen Adjektiven selbst charakterisiert haben könnte. Wer die richtige Person erraten hat, darf das nächste Kärtchen abheben und die Adjektive vorlesen usw.

e) Tauscht euch darüber aus, warum es bei manchen Kärtchen leichter, bei anderen schwieriger ist, die entsprechende Person zu charakterisieren.

2. Ratespiel: „Wie sehen mich die anderen?" – Andere treffend charakterisieren (im Plenum)

f) Jeder in der Klasse wählt einen Schüler oder eine Schülerin aus und charakterisiert ihn oder sie mit **drei treffenden Adjektiven**. Schreibt diese drei Adjektive auf einen kleinen Zettel oder ein Kärtchen. Schreibt auf die Rückseite möglichst in kleiner Schrift den Namen der betreffenden Person.
Denkt dabei an die Goldene Regel: *„Behandle andere so, wie du von ihnen behandelt werden willst."*

g) Sammelt die Zettel bzw. Kärtchen in einem offenen Gefäß, einer Schachtel oder einer Schüssel und mischt sie.

h) Ein Schüler oder eine Schülerin tritt vor die Klasse, nimmt ein Kärtchen und liest die Adjektive vor. Die anderen versuchen, die gemeinte Person zu erraten. Derjenige, der das Kärtchen geschrieben hat, muss jeweils angeben, ob die richtige Person genannt wird. Die Klasse hat fünf Versuche, die gesuchte Person zu identifizieren. Wer richtig geraten hat, darf das nächste Kärtchen ziehen und die Adjektive vortragen usw.

i) Wenn die zu erratende Person nach fünf Versuchen noch nicht identifiziert worden ist, wird der Name dieser Person vom Schreiber des Kärtchens angegeben. Diese Person darf nun im Spiel fortfahren.

j) Tauscht euch darüber aus, warum in manchen Fällen die gesuchte Person schnell identifiziert wurde, in anderen nur mit Mühe oder gar nicht.

Phase 1

Arbeitsblatt 4 Analyse einer Schülerarbeit.
Kriterien für eine gelungene Charakteristik

> *Tillmann*
>
> *Mit Tillmann, den ich beschreibe, gehe ich nun schon seit der 1. Klasse zur Schule. Er ist 1,60 m groß, hat lange, dunkelbraune Haare mit ein paar blonden Strähnen. Er treibt sehr gerne Sport und sein Lieblingssport ist Fußball. Er hat noch eine 15-jährige Schwester, mit der er sich manchmal streitet. Wenn er Fußball spielt und ein Tor geschossen hat, bekommt er ein breites Grinsen in seinem Gesicht und er strahlt wie die Sonne. Außerdem spielt er sehr gerne auf seiner neuen Gitarre, die er zum Geburtstag geschenkt bekommen hat. Seine Laune schwankt zwischen fröhlich und munter oder traurig und jähzornig. Meistens ist sein Zimmer aufgeräumt und es herrscht Ordnung, aber manchmal hat er auch eine große Unordnung. Er ist immer hilfsbereit und hilft anderen sehr gerne. Er hat ein gesundes Selbstvertrauen, was ihn sympathisch wirken lässt.*

Arbeitsanweisungen:

1. Versuche die Charakteristik Tillmanns zu gliedern, indem du einzelne Sinnabschnitte mit Bleistift markierst und Überschriften dafür findest.

2. Beschreibe den Aufbau der Charakteristik.

3. Unterscheide Textstellen, die besonders gut gelungen sind, von solchen, in denen Charaktereigenschaften nicht ausreichend begründet werden.

4. Schreibe einen zusammenfassenden Schlusssatz, in dem die Charakterzüge Tillmanns zusammengefasst und auf den Punkt gebracht werden.

Phase 1

Arbeitsblatt 5 Lernen, nicht vorschnell über jemanden zu urteilen

Drei Jungen unterhalten sich über „den Neuen" in der Klasse. Er sei unsportlich, komme im Unterricht nicht mit und sei auch ein Feigling, weil er an verschiedenen „Aktionen" nicht teilgenommen habe. Die Jungen sprechen abwertend über ihn. Alles, was er macht, stößt bei ihnen auf Kritik. Sie wissen aber nicht alles über ihn. Eines Tages ...

Arbeitsanweisungen:

1. Bildet Gruppen (4–6 Personen). Überlegt euch, wie die Geschichte weitergehen könnte.

2. Setzt den Text oben zusammen mit eurer Fortsetzung in ein szenisches Spiel um. Beginnt mit der Unterhaltung über „den Neuen" in der Klasse.

3. Tauscht euch in der Klasse darüber aus, was diese Geschichte uns lehrt.

4. Ergänzt folgenden Text. Verwendet dabei die Wörter im Wortspeicher.

Es gehört zum _____, andere Menschen zu charakterisieren. Wenn wir etwas über jemanden erzählen, _____ wir meistens auch die Person und ihr Verhalten. Meistens _____ wir uns nicht viel dabei. Dabei kann man Menschen _____ tun, wenn man _____ von ihrem Handeln auf den Charakter schließt. Wir wissen oft zu wenig über einen Menschen, um sein Verhalten _____ beurteilen zu können. Wenn sich ein Mädchen nur selten mit Freundinnen trifft, muss das nicht heißen, dass es _____ _____ ist. Es kann auch sein, dass seine Mutter schwer krank und auf die Hilfe des Mädchens angewiesen ist. Man sollte deshalb sehr _____ sein, wenn man andere _____ beurteilt.

Wortspeicher:
kritisch – bewerten – Alltag – vorsichtig – vorschnell – sicher – eingebildet und hochnäsig – denken – Unrecht

Lehrerhinweise zu den Arbeitsblättern 1–5

Arbeitsblatt 1   Einstieg: Stegreifspiel (S. 14)

Der Einstieg in das Thema erfolgt induktiv mit einem Stegreifspiel, das zum Charakterisieren anregt. Die Schülerinnen und Schüler sammeln charakterisierende Adjektive und tauschen sich darüber aus. Sie erfahren dabei, dass das Verhalten sehr unterschiedlich beurteilt werden kann und dass man um das treffende Adjektiv bzw. die Charakterbeschreibung ringen muss, will man einem Menschen gerecht werden.

Für Jan und Paul werden z. B. genannt:

rücksichtslos, egoistisch, wild, impulsiv, unbedacht, unbekümmert, unfreundlich, wild, chaotisch, aggressiv, grob, unbekümmert.

Für Manfred werden genannt:

hinterlistig, gemein, fies, hinterhältig, schadenfroh, boshaft, hämisch, feige.

Es liegt an der Lehrperson, die unterschiedlichen Bedeutungen, Akzentuierungen und Wertungen bewusst zu machen, die mit den einzelnen Adjektiven verbunden sind. So wird man ein unbekümmertes Verhalten anders bewerten und eher entschuldigen als ein rücksichtsloses und aggressives.

Auf diese Weise entwickeln die Schülerinnen und Schüler ein Gespür für eine differenzierte Einschätzung menschlichen Verhaltens sowie Empathiefähigkeit.

Arbeitsblatt 2   ABCDarium der menschlichen Eigenschaften (S. 15)

Der Arbeit mit dem ABCDarium, das den Schülerinnen und Schülern, wenn es ausgefüllt worden ist, als weitere Kopie zum Eintragen von Adjektiven ausgehändigt wird, kommt während der Unterrichtseinheit und der Arbeit an den Lernstationen eine große Bedeutung zu. Das ABCDarium ermöglicht ein vielfältiges Üben. Auf diesen Blättern halten die Schülerinnen und Schüler ihren Lernfortschritt fest. Indem sie sie bei jeder Aufgabe und an allen Stationen benutzen, prägen sie sich die Wörter ein und **machen ihr Wissen zu intelligentem, flexiblem Wissen,** das sie bei Bedarf einsetzen können. Die vorgeschlagene Aufgabe soll das **Gefühl für Bedeutung von Wörtern und Bedeutungsnuancen schärfen.** Die Aufgaben auf dem Arbeitsblatt können im Plenum, aber auch in Gruppen gelöst werden. Dann sollte man

aber die vorgeschlagene Lösung mithilfe eines Wörterbuchs überprüfen lassen (z. B. Wahrig: Deutsches Wörterbuch).

Anschließend kann man in PA oder GA weitere Adjektive suchen lassen. Wichtig ist allerdings die **Besprechung der Ergebnisse durch die Lehrperson.** Auch sollten möglichst **viele Adjektive von den Schülerinnen und Schülern erklärt und mit Beispielen belegt werden.** Das bedeutet nicht nur, dass neue Inhalte besser memoriert werden, sondern dass die Kinder und Jugendlichen darauf vorbereitet werden, von Handlungen und Sprechweisen auf den Charakter zu schließen.

Es wird vereinbart, dass die „Allerweltsadjektive", wie z. B. nett, cool, freundlich, lieb, nicht in die Liste übernommen werden. Auch soll es keine Doppelungen geben.

Arbeitsblatt 3   Ratespiele: Wer steckt dahinter? (S. 16)

Das Erstellen von Selbst- und Fremdbildern wird im Unterricht häufig als Interaktionsspiel zur Förderung des sozialen Miteinanders oder im Rahmen von Unterrichtseinheiten zur beruflichen Orientierung eingesetzt. Wenn man dabei die Schülerinnen und Schüler spontan auf ihr Repertoire an charakterisierenden Adjektiven zurückgreifen lässt, über das sie verfügen, ist man überrascht, wie wenige Adjektive zum Einsatz kommen (siehe S. 5 f.).

Die Interaktionsspiele „Wie sehe ich mich?" – „Wie sehen mich die anderen?" sollen die Schülerinnen und Schüler anregen,

- sich selbst und die anderen differenzierter wahrzunehmen und zu charakterisieren,

- ihr Repertoire an charakterisierenden Adjektiven zu erweitern,
- sich um eine gerechte, faire und möglichst objektive Sicht der anderen zu bemühen und so zur Verbesserung des Klassenklimas beizutragen,
- ihr Selbstbild mit dem Fremdbild der anderen abzugleichen und zu einem realistischen Selbstbild zu gelangen.

Damit diese Ziele erreicht werden können, ist es notwendig, an der Erweiterung des Wortschatzes zu arbeiten. Dazu dient das ABCDarium der charakterisierenden Eigenschaften.

Die Lehrperson sollte sich dafür genügend Zeit nehmen und immer wieder dafür sorgen, dass der Bedeutungsgehalt eines Adjektivs wirklich erfasst wird. Man sollte sich auch Zeit nehmen für die „Goldene Regel" (auf dem Arbeitsblatt), damit alle in der Klasse für einen verantwortlichen Umgang miteinander sensibilisiert werden. Den Schülerinnen und Schülern muss vermittelt werden, dass es bei dem Spiel auf die Ehrlichkeit und Offenheit der Mitspieler ankommt, dass aber auch die Würde des anderen geachtet werden muss.

Arbeitsblatt 4   Analyse einer Schülerarbeit. Kriterien für eine gelungene Charakteristik (S. 17)

Diese Schülerarbeit eignet sich gut für die Erarbeitung von Kriterien, weil sie Positives und Negatives aufweist. Manches wird „mustergültig" gelöst, z. B. werden Eigenschaften begründet und belegt, z. B. die Sportlichkeit, die Freude an der Musik, Launenhaftigkeit und unbeständige Art sowie Hilfsbereitschaft. An anderer Stelle sind Schwächen zu konstatieren. So schreibt der Verfasser wenig zum Äußeren und unterbricht die Ausführungen zu den sportlichen Aktivitäten durch einen Hinweis auf die Schwester, mit der er gerne streitet. Hier lernen die Schülerinnen und Schüler, dass man die einzelnen Aspekte der Person zusammenhängend darstellt.

Im letzten Satz fehlt ein Beleg für das Selbstvertrauen. Wie und wann zeigt sich dieses? Auch werden die Schüler das abrupte Ende als unangemessen empfinden und erkennen, dass man am Schluss versucht, die Person insgesamt zu fassen, „den Charakter auf den Punkt zu bringen".

Gliederung:
- Satz zur Einleitung: Verhältnis zur Person
- Äußeres (Größe, Haare)
- Sportlichkeit, Lieblingssport
- Hinweis auf die Schwester
- Sportlichkeit, Lieblingssport
- Musikalität
- Hilfsbereitschaft
- Selbstvertrauen

Möglicher Schlusssatz:
Tillmann ist ein Klassenkamerad, den fast alle mögen und mit dem fast alle gerne zusammen sind, vor allem diejenigen, die mit seinen Launen gut zurechtkommen.

Arbeitsblatt 5   Lernen, nicht vorschnell über jemanden zu urteilen (S. 18)

Charakterisieren bedeutet immer auch eine wertende Auseinandersetzung mit einer Person. Das muss bedacht werden, wenn man jemanden darstellt. Den Schülerinnen und Schülern müssen die ethisch-moralische Dimension ihres Tuns und die Verantwortung, die sie tragen, bewusst sein. Die Umsetzung durch die Schülergruppen zeigt der Klasse, wie gefährlich es sein kann, wenn man jemanden vorschnell abqualifiziert und wenn man voreilige Schlüsse auf den Charakter einer Person zieht.

Der Neue im Spiel kümmert sich daheim z. B. um ein krankes Familienmitglied oder um seine Geschwister, wenn die alleinerziehende Mutter arbeiten geht.

Lösung:

*Es gehört zum **Alltag**, andere Menschen zu charakterisieren. Wenn wir etwas über jemanden erzählen, **bewerten** wir meistens auch die Person und ihr Verhalten. Meistens **denken** wir uns nicht viel dabei. Dabei kann man Menschen **Unrecht** tun, wenn man **vorschnell** von ihrem Handeln auf den Charakter schließt. Wir wissen oft zu wenig über einen Menschen, um sein Verhalten **sicher** beurteilen zu können. Wenn sich ein Mädchen nur selten mit Freundinnen trifft, muss das nicht heißen, dass es **eingebildet und hochnäsig** ist. Es kann auch sein, dass seine Mutter schwer krank und auf die Hilfe des Mädchens angewiesen ist. Man sollte deshalb sehr **vorsichtig** sein, wenn man andere **kritisch** beurteilt.*

Weitere Übungsangebote für die Fundamentumsphase

Bei Bedarf können noch folgende Übungen angeschlossen werden:

1. So stelle ich mir meinen besten Freund/meine beste Freundin vor
- Welche Eigenschaften soll er/sie haben?
- Wann und wie können sich diese zeigen?

Auch diese Übung soll den Zusammenhang von Handeln und Charakter bewusst machen: Der Charakter manifestiert sich beim Reagieren, beim Agieren und, wie einzelne Beiträge bereits erkennen lassen, auch beim Sprechen.

2. Wir charakterisieren eine uns allen bekannte Person, die wir sympathisch finden, z. B. eine Lehrperson, den Direktor oder den Hausmeister, und beziehen das äußere Erscheinungsbild mit ein.

Die Einschränkung auf eine beliebte Person soll die Fokussierung des Äußeren und die damit verbundene Bewertung erleichtern.

Phase 2

Diagnose auf der Grundlage einer schriftlichen Charakteristik

Die Ergebnisse differieren in der Regel stark. Eine Vorstellung davon vermitteln die beiden Aufsätze „Felix" und „Adrian" im Vergleich mit der Charakteristik Philipps (Station 15), die zwar noch keinen Mustertext darstellt, aber bereits erkennen lässt, wohin der Weg führen soll.

Aufsatz „Felix":

> Mit dem Jungen, den ich beschreibe, gehe ich nun schon seit der 5. Klasse zur Schule. Seit diesem Schuljahr besuchen wir gemeinsam die Klasse 7c. Felix ist 1,67m groß, hat kurze braune Haare. Er segelt gerne und hat einen Bruder der in die 6. Klasse geht. Er ist intelligent und sehr clever. Er ist ehrlich und sozial.

Aufsatz „Adrian":

> Ich beschreibe Adrian mit dem ich seit der 5. Klasse in die selbe Klasse gehe. Vom Äußeren her sieht Addy, zu mindest aus Sicht einiger befragten Mädchens, gut aus. Er hat kurze schwarz getönte Haare. Er ist für sein Alter nicht gerade der Größte aber ist dafür sehr kräftig gebaut. Adrian hat die gleichen interesanten Interessen wie ich:
> Fussball, sportlich sein, witze machen, und ein bisschen pingelig auf sein Äußeres achten!
> Er sagt über sich selbst: "Thja, ich bin einfach ein kleiner Macho."
> Mit seiner allerbesten Arthur und mit mir übt er auch ab und zu das Streiten, aber trotzallem ist er einfach eine lustiger, crazy netter, hilfsbereite verständnisvoller Mensch.

21

Phase 2

Kompetenzraster „Charakterisieren"

Kriterium	Stufe A	Stufe B	Stufe C	Stationen
Aufbau	Die Charakteristik weist **keinen klaren Aufbau** auf: Sie beginnt nach einem einleitenden Satz mit einer **knappen, eher schablonenhaft formulierten Darstellung des Äußeren**, die vage Vorstellungen von der Person vermittelt. (*Felix ist 1,67 m groß und hat kurze braune Haare.*)	Die Charakteristik weist **einen Aufbau auf, der nur stellenweise gestört ist**: Sie beginnt nach einer knappen, eher schematischen Einleitung mit der Darstellung der äußeren Erscheinung, wobei einige Aspekte des Äußeren eine erste Vorstellung von der Person vermitteln. (*Er hat kurze schwarz getönte Haare. Er ist für sein Alter nicht gerade der Größte, ist aber dafür kräftig gebaut.*)	Die Charakteristik weist einen **klaren Aufbau** auf: Sie beginnt nach einer Interesse weckenden Einleitung mit der Darstellung der äußeren Erscheinung, wobei es gelingt, sich auf das Wesentliche zu beschränken und dennoch einen Eindruck von der Person zu vermitteln.	3 18 8
	Die einzelnen Charaktereigenschaften folgen unzusammenhängend aufeinander (vgl. Aufsatz „Felix").	Die einzelnen Charaktermerkmale werden eher reihend aneinandergefügt, so dass sich zunehmend ein Bild der Person entwickelt (vgl. Aufsatz „Adrian").	Die einzelnen Charaktermerkmale werden in einem sinnvollen Zusammenhang dargestellt und vermitteln ein Gesamtbild von der Person bzw. einer Figur und ihrer unverwechselbaren Eigenart.	3 17
Begründung der Charakteristik (Zusammenhang von Aussehen, Handeln, Sprechen und Charakterisierung herstellen)	Die Charakterisierung wird selten begründet: Sie basiert nur im Einzelfall auf der Darstellung von Handlungsweisen, Auftreten und Sprache sowie Gestik und Mimik; meistens erschöpft sich die Charakterisierung in einer Aneinanderreihung von Adjektiven (siehe Aufsatz „Felix").	Die Charakterisierung setzt sich aus direkter Charakterisierung, meistens mithilfe von Adjektiven ohne Begründung und Bezug auf Handeln, Sprechen usw., zusammen, weist aber auch gut begründete Passagen auf.	Die Charakterisierung wird überzeugend begründet: Sie basiert auf der Darstellung von Handlungsweisen, Auftreten und Sprache sowie Gestik und Mimik, wobei unterschiedliche Persönlichkeitsmerkmale aufeinander bezogen werden. Insgesamt ist das Bemühen erkennbar, ein Gesamtbild von der Person und ihrer unverwechselbaren Eigenart zu vermitteln.	4, 6, 7, 12, 15

Kriterium	Stufe A	Stufe B	Stufe C	Stationen
	Die Charakteristik beginnt oft unvermittelt oder nach einem knappen einleitenden Satz. („*Ich beschreibe nun meinen Bruder Harry.*")	Die Charakteristik beginnt mit einer kurzen, eher schematischen Einleitung (siehe Aufsatz „Adrian").	Die Charakteristik beginnt häufig mit einem Satz, der Interesse weckt, z. B. *Brüder können nervig, nett und vieles mehr sein. Mein kleiner Bruder Jan ist dies alles zusammen und noch mehr ...*	18
	Die Arbeit endet oft unvermittelt (Aufsatz „Felix").	Die Arbeit endet mit dem Versuch, wichtige Eigenschaften zu wiederholen und zu einem Gesamtbild zusammenzufügen, das grobe Umrisse der Person erkennen lässt (siehe Aufsatz „Adrian").	Die Arbeit endet mit einem Schlussgedanken, der einen neuen Aspekt enthält, z. B. *Für mich ist meine Halbschwester Beate ein Vorbild, von dem ich mich gerne leiten lasse.*	19
Sprachliche Gestaltung	geringes Repertoire an charakterisierenden Adjektiven *(nett, cool, lieb, hilfsbereit ...)*	begrenztes, aber ausreichendes Repertoire an Adjektiven, um der Person bzw. Figur Konturen zu verleihen	umfangreicher Wortschatz, differenziertes Repertoire an Adjektiven und anderen Wortarten	1, 2, 5, 11, 13, 14, 16
	Einfacher Satzbau, die Parataxe überwiegt. *(Mein Bruder ist nervig [...]. Er ist immer in Bewegung. Chris hat viele Freunde [...])* Der Wortschatz, (häufig die Verben: sein, haben), ist reduziert (Aufsatz „Felix").	Insgesamt einfacher Satzbau, auch Verwendung von einfachen Satzgefügen. *(Mein Vater ist 46 Jahre alt und ist etwa 1,80 m groß. Er hat eine sportliche Figur [...] Wenn ich mein Zimmer nicht aufräume, wird er schnell laut, denn er nimmt seine Rolle als Vater sehr ernst.)* Der Wortschatz, vor allem im Bereich der Verben, ist eher begrenzt, es gelingt aber, mit den vorhandenen Möglichkeiten ansatzweise Konturen zu zeichnen (etwa Aufsatz „Adrian").	abwechslungsreicher Satzbau, mit komplexeren Satzkonstruktionen zur differenzierten Darstellung *(Obwohl sie die Familie voll beansprucht, findet sie Zeit für ihr Hobby, die Seidenmalerei ...);* Ein differenzierter Wortschatz ermöglicht eine anschauliche und lebendige Darstellung der Person.	9, 10, 11, 17

Phase 3

Brief an die Klasse

Liebe Schülerinnen und Schüler,

wir werden in den nächsten Stunden das Charakterisieren üben.

„Wozu brauchen wir das überhaupt? Das können wir doch schon! Wir charakterisieren doch andauernd andere Menschen: Der ist langweilig, dieser ist hilfsbereit und jener unzuverlässig!", sagen viele von euch. Oft aber charakterisieren wir jedoch vorschnell und geben uns wenig Mühe, der anderen Person gerecht zu werden. Aber auch beim Interpretieren von literarischen Texten ist es wichtig, den Charakter einer Person herausarbeiten zu können. Dabei erschließt sich nämlich häufig der Text, so dass man ihn dann besser versteht. Auch deshalb ist es wichtig zu lernen, wie man andere sachlich korrekt und fair beurteilt.

Ihr werdet in den nächsten Stunden lernen:

- auf die Verwendung treffender Adjektive zu achten,
- vom Äußeren, vom Verhalten, Handeln und Sprechen auf den Charakter zu schließen.

Ihr könnt auch aus Fehlern lernen, indem ihr Charakterisierungen verbessert, und so beim Schreiben von Charakteristiken Sicherheit gewinnen.

Die Stationen, an denen ihr arbeiten werdet, haben unterschiedliche Schwerpunkte und Aufgaben. Ihr findet auch unterschiedliche Medien (Arbeitsblätter, Spielkärtchen, Dominosteine, Laptop, CD-Player, u.a.) vor.

Ein paar Dinge sind zu beachten:

a) Jeder erhält einen persönlichen Laufzettel, der mit seinem Namen versehen ist und auf dem die Stationen angekreuzt sind, die in den nächsten Stunden bearbeitet werden sollen (Pflichtstationen). Dort übt ihr gezielt einzelne Teilfähigkeiten.

b) An manchen Stationen findet ihr zwei Angebote a) und b). An diesen Stationen dürft ihr wählen. Schaut euch beide Übungen (auch als Spiele) an und entscheidet euch für eine der beiden.

c) Der Überschrift der Arbeitsblätter könnt ihr entnehmen, ob ihr die Arbeit alleine (EA = Einzelarbeit), zu zweit (PA = Partnerarbeit) oder in der Gruppe (GA = Gruppenarbeit) lösen sollt.

d) Wenn ihr mit diesen Stationen fertig seid, übt ihr an anderen Stationen weiter. Ihr könnt euch, je nach eurem Arbeitstempo, drei oder vier oder noch weitere Stationen auswählen (Wahlstationen).

e) Mache nach dem Durchgang ein paar Angaben zu deinem persönlichen Lernerfolg (2. Seite des Laufzettels).

Zeichnet auf dem Laufzettel mit Handzeichen ab, wenn ihr eine Station bearbeitet habt.

In der Regel könnt ihr in Partner- oder Gruppenarbeit üben. An einigen Stationen ist es sinnvoll, die Aufgaben alleine zu erledigen. Das wird jeweils vermerkt.

Für die Ergebnisse eurer Arbeit benötigt ihr einen Schnellhefter oder eine Sammelmappe, auch Portfolio genannt. Die Arbeitsaufträge an den einzelnen Stationen sollen jeweils auf einem eigenen Blatt erledigt werden.

An vielen Stationen liegt eine Anleitung zum Schreiben einer Charakteristik bereit, nach der ihr vorgehen könnt. An einigen Stationen findet ihr auch eine Checkliste, die euch die Analyse von Texten erleichtern soll.

Vermerkt bitte auf dem Laufzettel, wenn euch eine Station besonders Spaß oder große Mühe gemacht hat.

Ich wünsche allen viel Spaß und Erfolg bei der Arbeit!

Eure Frau Kuntz

Phase 3

Laufzettel zu den Lernstationen

Name: _____

Station	Pflichtstation Datum der Bearbeitung, Zeitspanne (wie lange?)	Wahlstation Datum Zeitspanne etc.	Handzeichen Unterschrift	Meinung/Bemerkung zur Station (schwer – warum?, leicht)
1				
2				
3				
4				
5				
6				
7				
8				
9				
10				

25

Phase 3

Station	Pflichtstation Datum der Bearbeitung, Zeitspanne (wie lange?)	Wahlstation Datum Zeitspanne etc.	Handzeichen Unterschrift	Meinung/Bemerkung zur Station (schwer – warum?, leicht)
11				
12				
13				
14				
15				
16				
17				
18				
19				

Einschätzung des persönlichen Lernerfolgs:

(nach Abschluss des Durchgangs):

Schreibe in wenigen Sätzen nieder, wie du deinen persönlichen Lernfortschritt einschätzt, ob du dich sicherer fühlst und wo du noch Übungsbedarf siehst.

Gib auch ein zusammenfassendes Urteil zur Arbeit an den Lernstationen ab.

Phase 3

Checkliste zur Analyse und Überarbeitung von eigenen oder fremden Charakteristiken

1. Vermittelt die Charakteristik nach dem ersten Durchlesen ein **anschauliches Bild** von der Person? Wird sie in ihrer Eigenart erkennbar? Kann man sie sich vorstellen?

2. Ist die Charakteristik nach deinem ersten Eindruck **objektiv, gerecht und fair**?

3. Weist die Charakterisierung einen sinnvollen **Aufbau** auf? Ist der Text übersichtlich in Abschnitte gegliedert?

4. Werden auch **charakteristische äußere Merkmale** einbezogen? Wird ein **Gesamteindruck vom Äußeren** vermittelt?

5. Wird die Person auch **beim Handeln, in Aktion** gezeigt? Erfahren wir, wie sie handelt und reagiert?

6. Wird vom **Sprechen** der Person auf ihren Charakter geschlossen? Werden charakteristische Redeweisen einbezogen?

7. Werden bei der direkten Charakterisierung die Wesensmerkmale treffend benannt, z. B. mit **Adjektiven**, oder werden nur „Allerweltsadjektive" wie nett, cool, freundlich verwendet?

8. Werden die Wesensmerkmale ausreichend **veranschaulicht** durch **Belege**, z. B. durch passende **Beispiele**?

9. Lässt die Charakterisierung einen **„roten Faden"** erkennen, d. h. folgt ein Aspekt logisch auf den andern? Sind entsprechende **Verbindungswörter**, z. B. *außerdem, auch, darüber hinaus, nicht nur – sondern auch, zudem* vorhanden?

10. Weist die Charakterisierung einen guten **Einleitungs-** und **Schlusssatz** auf?

11. Liest sich der Aufsatz flüssig? Ist er **sprachlich gelungen**?

Was mir sonst noch auffällt ...

Phase 3

Anleitung zum Schreiben einer Charakteristik

1. Nimm dir Zeit und stelle dir die Person, die du charakterisieren willst, vor. Schreibe auf, was dir spontan zu ihr einfällt.

2. Notiere dann äußere Merkmale, Charakter- und Wesensmerkmale sowie typische Verhaltens- und Redeweisen in einem Raster. Auf diese Weise sammelst du Bausteine für deinen Text.

äußere Merkmale (Körpergröße, Statur, Haltung, Haare ...)	Eindruck, der dadurch entsteht
sehr schlank, sportlich	*aktiv, beweglich*
Charaktereigenschaften, die mir ohne langes Überlegen einfallen	**Gelegenheit, bei der sich diese zeigen**
zurückhaltend	*wenn er/sie mit Freunden zusammen ist, in der Klasse*
typische Verhaltens- und Sprechweisen, die mir einfallen	**Eigenschaften, auf die man schließen kann**
spricht sehr leise	*schüchtern*

3. Überlege, in welcher Reihenfolge du die Eigenschaften darstellen willst und wie du sie mit der Schilderung typischer Verhaltens- und Sprechweisen veranschaulichen kannst.

4. Überlege dir einen sinnvollen Einleitungssatz *(Sofie kenne ich bereits seit der Kindergartenzeit ..., Franz kenne ich bereits seit der Grundschule ...)* und einen passenden Schlusssatz *(Ich kann allen nur wünschen, dass sie einen solchen Freund finden ...)*.

Phase 3

Station 1a: Personen mit Adjektiven charakterisieren und dabei auf Bedeutungsunterschiede achten

Das Domino-Spiel der Adjektive (GA)

Der Geizige

Der Sparsame

Beim Charakterisieren von Menschen benutzen wir häufig Adjektive: Wir bezeichnen jemanden als geizig, launisch oder witzig. Damit wir der betreffenden Person gerecht werden, ist es wichtig, treffende Adjektive zu verwenden: Es ist nämlich ein Unterschied, ob jemand sparsam oder geizig ist. Aber auch Synonyme, die auf den ersten Blick bedeutungsgleich scheinen, können sich in ihrer Bedeutung unterscheiden: Ein lebhaftes Kind und ein wildes Kind verhalten sich in vielen Situationen ähnlich, trotzdem drücken die Adjektive nicht ganz das Gleiche aus. Bei „lebhaft" hat man eher positive, bei „wild" eher negative Assoziationen. Um sich möglichst treffsicher auszudrücken, ist es wichtig, viele Adjektive zu kennen. Das Domino-Spiel soll euer Sprachbewusstsein schärfen.

Spielregel

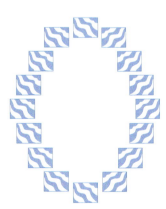

Legt die Karten in Form eines Ovals oder eines Kreises.

1. Mischt die Karten und verteilt sie. Jeder Mitspieler bekommt vier Dominokarten. Gespielt wird im Uhrzeigersinn. Der erste Spieler ist derjenige, der als Erster im Jahreslauf Geburtstag hat.

2. Legt die restlichen Dominokarten verdeckt „zum Nehmen" auf den Tisch.

3. Deckt eine Dominokarte von dem Stapel auf und legt sie so auf den Tisch, dass das Ganze ein Oval oder einen Kreis ergeben könnte.

4. Der erste Spieler muss nun rechts oder links eine Karte anlegen, die zu einer der Hälften „passt". Gesucht wird das Adjektiv, das der Bedeutung eines der beiden Adjektive am nächsten kommt.

5. Der folgende Mitspieler kann an einem der beiden Enden der „Spielreihe" anlegen.

6. Hat ein Mitspieler keine passende Karte, so muss er eine Karte aufnehmen und schauen, ob sie passt. Wenn nicht, setzt er aus.

7. Wer zuerst alle Karten angelegt hat, hat gewonnen.

Phase 3

Station 1b: Personen mit Adjektiven charakterisieren und dabei auf Bedeutungsunterschiede achten

Das Memory der Adjektive (GA)

Der Geizige

Der Sparsame

Beim Charakterisieren von Menschen benutzen wir häufig Adjektive: Wir bezeichnen jemanden als geizig, launisch oder witzig. Damit wir der betreffenden Person gerecht werde, ist es wichtig, treffende Adjektive zu verwenden: Es ist nämlich ein Unterschied, ob jemand sparsam oder geizig ist. Aber auch Synonyme, die auf den ersten Blick bedeutungsgleich scheinen, können sich in ihrer Bedeutung unterscheiden: Ein lebhaftes Kind und ein wildes Kind verhalten sich in vielen Situationen ähnlich, trotzdem drücken die Adjektive nicht ganz das Gleiche aus. Bei „lebhaft" hat man eher positive, bei „wild" eher negative Assoziationen. Um sich möglichst treffsicher auszudrücken, ist es wichtig, viele Adjektive zu kennen. Das Memory soll euer Sprachbewusstsein schärfen.

Spielregel

Auf den Karten steht nicht, wie man es beim Memory erwartet, paarweise das gleiche Adjektiv, sondern jeweils zwei mit ähnlicher Bedeutung gehören zusammen, z. B. **geizig** und **sparsam**, **aufrichtig** und **ehrlich** usw.

- Legt die Memory-Karten verdeckt ab.
- Der/Die Jüngste in der Gruppe beginnt. Die Spieler drehen abwechselnd zwei beliebige Karten um. Wenn auf den beiden Karten Adjektive mit ähnlicher Bedeutung stehen, darf der Mitspieler diese beiden Karten behalten und zusätzlich zwei weitere Karten umdrehen.
- Passen die Spielkarten nicht zusammen, muss er sie wieder verdecken.
- Danach ist der/die Nächste dran.
- Gewonnen hat die Spielerin oder der Spieler, der die meisten Pärchen aufgedeckt hat.

Phase 3

nervös	beharrlich	hartnäckig	kühn
wagemutig	dickköpfig	rechthaberisch	missgünstig
neidisch	gewissenhaft	sorgfältig	ehrlich
aufrichtig	sorglos	unbekümmert	zielstrebig
ehrgeizig	witzig	geistreich	aufbrausend
jähzornig	strebsam	fleißig	aktiv
rührig	angeberisch	großspurig	schüchtern

31

Phase 3

unsicher	mürrisch	griesgrämig	ängstlich
furchtsam	launisch	unberechenbar	mutig
tapfer	gütig	warmherzig	anständig
fair	heiter	fröhlich	selbstständig
unabhängig	temperamentvoll	lebhaft	eingebildet
überheblich	sensibel	empfindlich	einfühlsam
mitleidig	verträumt	lebensfremd	gesellig

Phase 3

kontaktfreudig	ideenreich	fantasievoll	aktiv
geschäftig	gewissenhaft	verantwortungs-bewusst	vorsichtig
behutsam	fahrig		

Kärtchen bei Reduktion für die vereinfachte Variante der Station (siehe Vorschlag S. 72)

tapfer	fahrig

33

Phase 3

Station 2: Charakterisierende Adjektive sammeln

„Charakterschlange" – ein Spiel mit charakterisierenden Adjektiven (GA, 3 – 4 Personen)

Es dürfen nur solche Adjektive gewählt werden, die Charaktereigenschaften bezeichnen (fleißig, aufrichtig), d.h. für bestimmte Menschen typisch sind. Prägt euch die Adjektive im ABCDarium zuvor noch einmal ein. Während des Spiels darf es nicht benutzt werden.

Spielanleitung:

- Die Spieler losen aus, wer das Spiel beginnt.

  Der Erste nennt eine Eigenschaft (z. B. ehrlich), der Nächste im Uhrzeigersinn sucht eine Eigenschaft, die mit dem **dritten Buchstaben** des genannten Wortes (ehrlich: **r**) beginnt, z. B. rührig. Der nächste Mitspieler wählt ein Adjektiv mit **h**, z. B. **hartnäckig**, der nächste mit **r**, z. B. **rechthaberisch** usw. Die Umlaute **ä**, **ö** und **ü** zählen als ein Buchstabe.

- Es darf jedes Adjektiv nur einmal genannt werden.

- Derjenige, der an der Reihe ist, ein Adjektiv zu nennen, hat drei Sekunden Zeit (langsam „eins, zwei, drei" zählen).

- Wer ein passendes Adjektiv gefunden hat, bekommt einen Punkt, wer nicht, wird übergangen.

- Verwendet die Eieruhr oder eine andere Uhr und spielt so lange weiter, bis der Sand zweimal oder dreimal durchgelaufen ist bzw. die Zeit abgelaufen ist.

Am Schluss werden die Punkte gezählt.

Phase 3

Station 3a: Sich selbst charakterisieren und dabei einem Schreibplan folgen

Dennis sucht über das Internet einen Brieffreund (EA)

Bevor du dich selbst oder andere charakterisierst, solltest du dir einen Plan machen. Wenn du einfach drauflosschreibst, kann es sein, dass du dich zu sehr auf einen Aspekt konzentrierst und andere Gesichtspunkte, die ebenfalls wichtig sind, vergisst. **Bei der folgenden Übung geht es darum, den Aufbauplan eines Textes herauszuarbeiten.**

Dennis sucht über das Internet eine Brieffreundschaft.

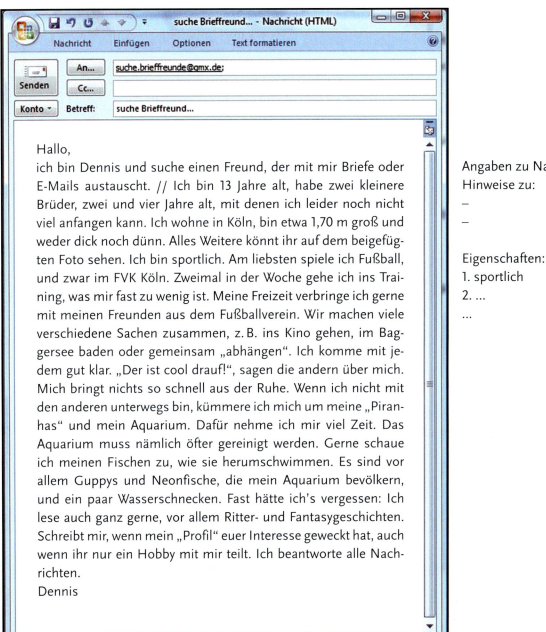

Angaben zu Namen und Anliegen:
Hinweise zu:
–
–

Eigenschaften:
1. sportlich
2. ...
...

35

Phase 3

Aufgabe:

1. Dennis' Mail könnte man besser lesen und aufnehmen, wenn er Abschnitte gemacht hätte. (vgl. Markierung // im Text). Markiere mit einem Bleistift die Stellen, an denen er besser mit einer neuen Zeile begonnen hätte.

2. Zeige, dass sich Dennis einen Plan gemacht und genau überlegt hat, wie er seinen Text aufbaut und welche Eigenschaften er darstellen will. Fasse dazu den Inhalt der Abschnitte jeweils mit einem Wort oder einem Ausdruck zusammen und schreibe dein Ergebnis in die Randspalte. (Siehe dort das Beispiel!)

3. Erkläre, wie Dennis bei der Selbstcharakterisierung ab dem Satz *Ich bin sportlich.* vorgeht. Wie macht er seine Eigenschaften deutlich und anschaulich?

4. Antworte mit einer ähnlich aufgebauten Mail. Schreibe den Text auf ein gesondertes Blatt und lege ihn in das Portfolio.

Station 3b: Sich selbst charakterisieren und dabei einem Schreibplan folgen

Laura sucht über das Internet eine Brieffreundin (EA)

Bevor du dich selbst oder andere charakterisierst, solltest du dir einen Plan machen. Wenn du einfach drauflosschreibst, kann es sein, dass du dich zu sehr auf einen Aspekt konzentrierst und andere Gesichtspunkte, die ebenfalls wichtig sind, vergisst. **Bei der folgenden Übung geht es darum, den Aufbauplan eines Textes herauszuarbeiten**.

Laura sucht über das Internet eine Brieffreundschaft.

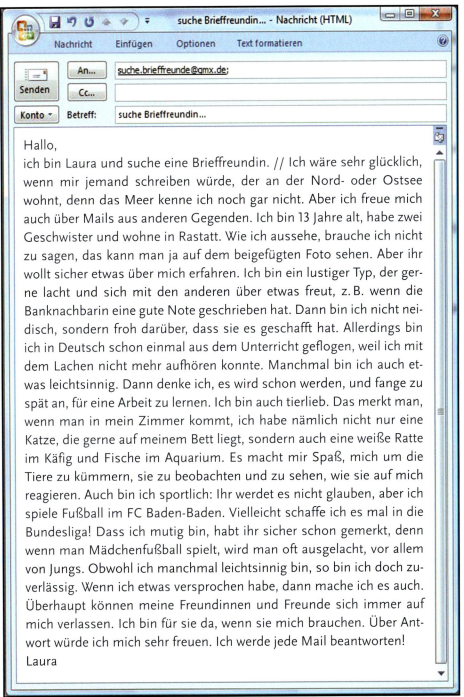

Angaben zu Namen und Anliegen:
Hinweise zu:
–
–
–

Eigenschaften:
1. lustig
2. …
…

37

Phase 3

Aufgaben:

1. Lauras Mail könnte man noch besser lesen und aufnehmen, wenn sie Abschnitte gemacht hätte (vgl. Markierung // im Text). Markiere mit einem Bleistift die Stellen, an denen sie besser mit einer neuen Zeile begonnen hätte.

2. Zeige, dass sich Laura einen Plan gemacht und genau überlegt hat, wie sie ihren Text aufbaut und welche Eigenschaften sie darstellen will. Fasse dazu den Inhalt der Abschnitte jeweils mit einem Wort oder einem Ausdruck zusammen und schreibe dein Ergebnis in die Randspalte. (Siehe dort das Beispiel!)

3. Antworte mit einer ähnlich aufgebauten Mail. Schreibe den Text auf ein gesondertes Blatt und lege ihn in das Portfolio.

Phase 3

Station 4: Vom Sprechen auf den Charakter schließen I

Sarah und Tina im Gespräch (EA)

Aufgabe:

Hört euch das Gespräch (= Hördatei) mehrfach an und füllt anschließend die folgende Tabelle aus. Versucht, möglichst viele Charaktereigenschaften für die beiden Mädchen zu finden. Benutzt dazu auch das **ABCDarium der menschlichen Eigenschaften**.

Unserer Meinung nach hat ...

... Sarah folgende Eigenschaften:	Begründung

... Tina folgende Eigenschaften:	Begründung

Phase 3

Station 5a: Eine Charakteristik analysieren und überarbeiten

Wurde Lena gut getroffen? (EA oder PA)

Aufgabe:

Steffi hat versucht, Lena, ihre beste Freundin, die im Unterricht neben ihr sitzt, zu charakterisieren.

Lena	
Lena **ist** meine beste Freundin. Sie **ist** größer als die meisten in der Klasse, **hat** lange braune Haare und ist ziemlich dünn. Sie **hat** braun-grüne Augen und dunkle Wimpern. Meistens trägt sie Jeans und ein grünes oder lilafarbenes T-Shirt.	A (zu oft sein und haben!)
Lena **ist** sehr sportlich: Sie **ist** im Tischtennisverein und macht auch Jazz-Tanz. In ihrer Freizeit geht sie gerne ins Schwimmbad. Lena **ist** außerdem richtig ehrgeizig, weil sie immer ihre Hausaufgaben macht und im Unterricht aufpasst.	A (Adjektiv passt nicht!)
Meine Freundin **ist** auch ganz schön trotzig. Wenn sie sich etwas in den Kopf gesetzt hat, macht sie es auch und niemand kann sie daran hindern.	A (Adjektiv passt nicht!)
Was ich am meisten an ihr schätze: Sie **ist** stets schweigsam. Sie hat noch nie anderen etwas weitererzählt, was ich ihr anvertraut habe.	A (Adjektiv passt nicht!)
Ich wünsche jedem, dass er einen solchen Freund oder eine solche Freundin findet.	

Liebe Steffi,
in deiner Charakteristik ist einiges schon gut gelungen. Die Vorzüge deines Textes sind ...

Woran du noch arbeiten musst: ...

Frau Hinz

40

Phase 3

Aufgaben:

Frau Hinz, die Deutschlehrerin, hat Steffis Aufsatz korrigiert. Unter der Arbeit steht der Beginn der verbalen Begründung der Note. Am Rand der Arbeit stehen kritische Anmerkungen, das Positive soll aber auch noch erwähnt werden, und zwar in der verbalen Begründung, die unter dem Aufsatz steht.

1. Analysiere zuerst den Aufsatz mithilfe der Checkliste und notiere dir Schritt für Schritt auf einem Blatt das Ergebnis der Untersuchung.

2. Schreibe eine verbale Begründung, in der die Stärken und Schwächen genannt werden. Du kannst die Stichwörter unter dem Text (*Liebe Steffi,* ...) übernehmen.

3. Ersetze die grün unterlegten Adjektive durch treffendere:

   ehrgeizig: _____

   trotzig: _____

   schweigsam: _____

4. Überarbeite den Text bis ... *gerne ins Schwimmbad.* Arbeite ihn so um, dass nur noch einmal eine Form von haben (*hat, haben*) und höchstens zweimal eine Form von sein (*ist, sind*) vorkommen. Schreibe dein Ergebnis auf ein Blatt und lege es ins Portfolio.

   Lena

   _____

   _____

   _____

Phase 3

Station 5b: Eine Charakteristik analysieren und überarbeiten

Wurde Sven gut getroffen? (EA, PA)

Aufgabe:

Paul hat versucht, Sven, seinen besten Freund, der im Unterricht neben ihm sitzt, zu charakterisieren.

Sven	
Sven ist mein bester Freund. Er ist größer als die meisten in der Klasse, hat kurze braune Haare und ist ziemlich dünn. Er hat braun-grüne Augen. Auffallend sind seine abstehenden Ohren, die ihn richtig frech erscheinen lassen. Meistens hat er verwaschene Jeans an und grüne oder blaue T-Shirts ohne Aufdruck. Sven ist sehr sportlich: Er spielt Tischtennis in der Jugendmannschaft des TTV Köln, wo er zweimal in der Woche trainiert. Wenn er nicht gerade Schule hat oder Hausaufgaben macht, geht er gerne schwimmen. In der Schule ist Sven ehrgeizig, er macht regelmäßig seine Hausaufgaben und passt im Unterricht auf.	A (zu oft sein und haben!)
	A (Adjektiv passt nicht!)
Mein Freund ist auch ganz schön trotzig. Wenn er sich etwas in den Kopf gesetzt hat, möchte er es auch umsetzen. Und nichts kann ihn daran hindern.	A (Adjektiv passt nicht!)
Was ich am meisten an ihm schätze: Er ist schweigsam. Er kann Geheimnisse für sich behalten.	A (Adjektiv passt nicht!)
Ich wünsche jedem, dass er einen solchen Freund oder eine solche Freundin findet.	

Lieber Paul,
in deiner Charakteristik ist einiges schon gut gelungen. Die Vorzüge deines Textes sind …

Woran du noch arbeiten musst: …

Frau Hinz

42

Phase 3

Aufgaben:

Frau Hinz, die Deutschlehrerin, hat Pauls Aufsatz korrigiert. Unter der Arbeit steht der Beginn der verbalen Begründung der Note. Am Rand der Arbeit stehen kritische Anmerkungen, das Positive soll aber auch noch erwähnt werden, und zwar in der verbalen Begründung, die unter dem Aufsatz steht.

1. Analysiere den Aufsatz mithilfe der Checkliste und notiere Schritt für Schritt auf einem Blatt das Ergebnis der Untersuchung.

2. Schreibe eine verbale Begründung, in der die Stärken und Schwächen genannt werden. Du kannst die Stichwörter unter dem Text (*Lieber Paul* ...) übernehmen.

3. Ersetze die grün unterlegten Adjektive durch treffendere:

   ehrgeizig: _____

   trotzig: _____

   schweigsam: _____

4. Überarbeite den Text bis ***Sven ist sehr sportlich.*** Arbeite ihn so um, dass nur noch einmal eine Form von haben (***hat, haben***) und höchstens zweimal eine Form von sein (***ist, sind***) vorkommen. Schreibe dein Ergebnis auf ein Blatt und lege es ins Portfolio.

   Sven

   _____

   _____

   _____

43

Phase 3

Station 6: Vom Sprechen auf den Charakter schließen II

Wie könnte man Charaktereigenschaften durch Sprechen zum Ausdruck bringen? (EA oder PA)

Besonders viel erfahren wir über Menschen, wenn wir ihnen aufmerksam zuhören. Was sie sagen und wie sie etwas sagen, verrät einiges über ihren Charakter.

Eigenschaften von **Sandra** (in der Mitte): **umsichtig, sensibel, tatkräftig**

Eigenschaften von **Jens** (links): **unternehmungslustig, sorglos**

Aufgabe:

Überlegt euch Situationen, die zu den Fotografien passen. Beschreibt die Situation, in der sich die Menschen befinden, und schreibt in die Sprechblasen ein paar Sätze, die Sandras und Jens' Eigenschaften deutlich werden lassen.

Phase 3

Station 7: Vom Sprechen auf den Charakter schließen III

Welche Charaktereigenschaften kann man heraushören?
(EA oder PA)

Besonders viel erfahren wir über Menschen, wenn wir ihnen aufmerksam zuhören. Was sie sagen und wie sie etwas sagen, verrät einiges über ihren Charakter.

Aufgabe:

1. Lies sorgfältig die Sprechblasen und notiere auf einem Zettel deine Eindrücke. Schreibe dann auf ein Blatt einen zusammenhängenden Text, wie er Teil einer Charakteristik sein könnte. Du fängst sozusagen irgendwo in der Mitte an, der Teil, der über das Äußere Auskunft gibt, soll nicht ausgeführt sein. Lege das Ergebnis ins Portfolio.

„Deinen Geburtstag könnten wir doch am Baggersee feiern. Mein Vater würde uns unseren Grill leihen. Außerdem könnten wir Tobi fragen, ob er seine Anlage mitbringt. Er darf nur nicht die Batterien vergessen. Und dann zelten wir! Das gibt bestimmt eine fette Party!"

Mein Eindruck von Egon:

Ich halte Egon für _____ . *Das erkennt man daran, dass* _____ .

Außerdem _____ ,
denn _____ .

45

Phase 3

Tina (in der Mitte) wirkt auf mich _____, weil _____

Paul (links im Bild) macht einen _____ Eindruck. Das sieht man daran, dass _____

46

Phase 3

Station 8a: Vom Äußeren auf den Charakter schließen

Den Onkel im Blick: Die äußere Erscheinung als Ausdruck von Wesenszügen (EA oder PA)

Wir gewinnen bereits aufgrund äußererer Merkmale, wie z. B. Kleidung, Haartracht, körperliche Merkmale wie Augen, Mund, Hände, Körperhaltung, Gang oder Stimme einen Eindruck von einer Person. Deshalb beginnt man eine Charakteristik häufig mit dem Äußeren. Anders als bei der Personenbeschreibung werden aber nicht alle beobachtbaren Merkmale aufgeführt, sondern nur diejenigen, die charakteristisch erscheinen.

Wir müssen uns allerdings vor allem bei der Bewertung des Äußeren im Klaren sein, dass wir uns „ein Bild" machen, d. h. dass wir beim Charakterisieren das wahre Wesen nicht unbedingt erfassen.

Äußere Erscheinung	Rückschlüsse auf den Charakter
Onkel Peter hatte immer im Ausland gelebt, zuerst einige Zeit in Südafrika, zuletzt in Australien. Florian kannte ihn nur von alten Familienfotos. Als er ihm gegenüberstand, fielen ihm gleich die langen blonden Haare auf, die ungekämmt bis zu den Schultern reichten. Er trug einen grünen verwaschenen Pullover mit unappetitlichen Flecken und eine zerschlissene Jeanshose. Florian zögerte einen Augenblick, dann streckte er ihm seine Hand entgegen und schaute zu ihm hoch. Zwei blaue Augen in einem braun gebrannten Gesicht blickten freundlich auf ihn herab und mit einem breiten Lächeln im Gesicht streckte er ihm die Hand entgegen.	*Der Onkel des Erzählers wirkt auf mich _____ _____ , weil _____* *_____* *Außerdem _____*

Aufgaben:

1. **Einzelarbeit:** Unterstreiche die Wörter oder Wortgruppen, die Rückschlüsse auf die Wesensart der Person erlauben. Schreibe in die rechte Spalte, welche Wesenszüge möglicherweise deutlich werden, und begründe deine Meinung.

   Wenn ihr zu zweit an der Station arbeitet: Vergleicht anschließend eure Ergebnisse und diskutiert darüber.

2. **Einzelarbeit:** Schreibe auf ein Blatt einen **Paralleltext**. Charakterisiere deinen Onkel, einen Nachbarn oder eine Nachbarin oder irgendeine verwandte Person, indem du vor allem das Äußere beschreibst.

Phase 3

Station 8b: Vom Äußeren auf den Charakter schließen

Die zukünftige Mutter im Blick: Die äußere Erscheinung als Ausdruck von Wesenszügen (EA oder PA)

Wir gewinnen bereits aufgrund äußererer Merkmale, wie z. B. Kleidung, Haartracht, körperliche Merkmale wie Augen, Mund, Hände, Körperhaltung, Gang oder Stimme einen Eindruck von einer Person. Deshalb beginnt man eine Charakteristik häufig mit dem Äußeren. Anders als bei der Personenbeschreibung werden aber nicht alle beobachtbaren Merkmale aufgeführt, sondern nur diejenigen, die charakteristisch erscheinen.

Wir müssen uns allerdings vor allem bei der Bewertung des Äußeren im Klaren sein, dass wir uns „ein Bild" machen, d. h. dass wir beim Charakterisieren das wahre Wesen nicht unbedingt erfassen.

Äußere Erscheinung	Rückschlüsse auf den Charakter
Die Ich-Erzählerin, deren Mutter vor drei Jahren gestorben ist, wünscht sich nichts sehnlicher, als wieder eine richtige Familie zu haben.	*Auf mich wirkt die junge Frau _____, weil _____ _____*
Sophie war jung, jünger als Mama, aber sie war keine von diesen 35-Jährigen, die mit aller Gewalt wie siebzehn aussehen wollen. [...] Sie hatte ihr halblanges aschblondes Haar streng nach hinten gekämmt, trug meist graue Hosen oder Röcke und weiße Blusen und ging, wenn man von ein bisschen hingetupftem Lippenstift absah, ohne Make-up.	*Außerdem _____*

Aufgaben:

1. **Einzelarbeit:** Unterstreiche die Wörter oder Wortgruppen, die Rückschlüsse auf die Wesensart der Person erlauben. Schreibe in die rechte Spalte, welche Wesenszüge möglicherweise deutlich werden, und begründe deine Meinung. Manchmal ist es auch einfacher anzugeben, wie eine Person nicht ist.

   Wenn ihr zu zweit an der Station arbeitet: Vergleicht anschließend eure Ergebnisse und diskutiert darüber.

2. **Einzelarbeit:** Schreibe auf ein Blatt einen **Paralleltext**. Charakterisiere deine Mutter, eine Tante oder eine Lehrerin vor allem durch die Beschreibung des Äußeren.

Aus: Carna Zacharias: Das goldene Herz in: Mut im Bauch. 12 Geschichten über Zivilcourage. Wien: Ueberreuter 2000, S. 110

Phase 3

Station 9a: Einen Text überarbeiten – abwechslungsreich schreiben

Julia, meine beste Freundin (EA oder PA)

Dominik
Dominik ist für sein Alter nicht gerade der Größte in der Klasse, dafür ist er aber ganz schön kräftig. Er ist schneller als die andern und spielt besser Fußball als sie. Er erzählt gerne Witze. Er achtet auch sehr auf sein Äußeres. Er sagt über sich selbst: „Ich bin einfach ein kleiner Macho!"

Beim Schreiben, auch beim schriftlichen Charakterisieren, achten wir auf eine abwechslungsreiche Sprache und verwenden nicht immer die gleichen Wörter, wie „sein" und „haben". Statt *Er ist schneller als die anderen* kann man auch *Er rennt schneller als die anderen* schreiben. Auch die Satzanfänge tragen oft zu einem eintönigen Stil bei, z. B. wenn die Sätze mit dem gleichen Personalpronomen: „ich", „er", „sie" oder „es" beginnen. Auch wird der Satzbau eintönig, wenn alle Sätze nach dem gleichen Muster (Subjekt, Prädikat, Objekt ...) gebildet werden. Wenn man einen solchen Stil verbessern will, genügt es deshalb nicht, z. B. das Wort „er" durch andere Wörter zu ersetzen, sondern man muss den Satzbau ändern.

Das kannst du versuchen:
- Stelle, wenn es geht, ein anderes Wort aus dem Satz an den Anfang: *Auf sein Äußeres achtet er sehr. Über sich selbst sagt er ...*
- Füge ein passendes Wort (ein Adverb oder einen adverbialen Ausdruck) oder einen Nebensatz hinzu und baue den Satz um: *Bei jeder Gelegenheit erzählt er Witze. Wenn sich die Gelegenheit bietet, erzählt er Witze.*
- Wenn die beiden Möglichkeiten nicht in Frage kommen, muss man einen neuen Satz formulieren.

Julia, meine beste Freundin
Das Mädchen, das ich beschreiben möchte, kenne ich seit der 5. Klasse. Inzwischen gehen wir zusammen in die 7. Klasse. Julia ist etwa 1,60 m groß. Sie hat schulterlange dunkelbraune Haare. Sie ist immer modisch gekleidet und legt auf ihr Äußeres großen Wert. Sie spielt Musik, da sie Musik mag. Sie kümmert sich liebevoll um ihre Hasen. Sie hat ein wunderschönes Lachen und ist ein lustiger, offener Mensch. Sie ist zu allen Menschen freundlich. Sie ist immer für ihre Freundinnen da und überrascht sie gerne mit kleinen Aufmerksamkeiten.
Jana

Aufgaben:

1. Lies den Text mit leiser Stimme und achte dabei auf die Satzanfänge, die den Satzbau eintönig machen.
2. Überarbeite den Text so, dass der Satzbau abwechslungsreicher wird. Schreibe den überarbeiteten Text auf ein Blatt und lege ihn ins Portfolio.

Phase 3

Station 9b: Einen Text überarbeiten – abwechslungsreich schreiben

Herr Ruhl, unser Sportlehrer (EA oder PA)

Dominik

Dominik ist für sein Alter nicht gerade der Größte in der Klasse, dafür ist er aber ganz schön kräftig. Er ist schneller als die andern und spielt besser Fußball als sie. Er erzählt gerne Witze. Er achtet auch sehr auf sein Äußeres. Er sagt über sich selbst: „Ich bin einfach ein kleiner Macho!"

Beim Schreiben, auch beim schriftlichen Charakterisieren, achten wir auf eine abwechslungsreiche Sprache und verwenden nicht immer die gleichen Wörter, wie „sein" und „haben". Statt *Er ist schneller als die anderen* kann man auch *Er rennt schneller als die anderen* schreiben. Auch die Satzanfänge tragen oft zu einem eintönigen Stil bei, z. B. wenn die Sätze mit dem gleichen Personalpronomen: „ich", „er", „sie" oder „es" beginnen. Auch wird der Satzbau eintönig, wenn alle Sätze nach dem gleichen Muster (Subjekt, Prädikat, Objekt ...) gebildet werden. Wenn man einen solchen Stil verbessern will, genügt es deshalb nicht, z. B. das Wort „er" durch andere Wörter zu ersetzen, sondern man muss den Satzbau ändern.

Das kannst du versuchen:

- Stelle, wenn es geht, ein anderes Wort aus dem Satz an den Anfang: *Auf sein Äußeres achtet er sehr. Über sich selbst sagt er ...*
- Füge ein passendes Wort (ein Adverb oder einen adverbialen Ausdruck) oder einen Nebensatz hinzu und baue den Satz um: *Bei jeder Gelegenheit erzählt er Witze. Wenn sich die Gelegenheit bietet, erzählt er Witze.*
- Wenn die beiden Möglichkeiten nicht in Frage kommen, muss man einen neuen Satz formulieren.

Herr Ruhl, unser Sportlehrer
Herr Ruhl kam zum Schulhalbjahr an unsere Schule. Er unterrichtet auch Erdkunde. Er ist schon etwas älter. Er ist groß, schlank und sehr sportlich, was man an seiner Kleidung erkennen kann. Er trägt nämlich meistens einen Trainingsanzug. Er hat einen muskulösen Körper, was bei seinem schon fortgeschrittenen Alter verwunderlich ist. Seine Figur erinnert an einen General. Sein Gesicht ist bereits sehr faltig, aber es strahlt viel Humor aus. Er scheint nie schlecht gelaunt zu sein, höchstens manchmal etwas genervt, wenn es in der Klasse zu laut wird. Er mag es allerdings überhaupt nicht, wenn Schüler demotiviert sind. Demotivierte Schüler bestraft er, indem er sie als Vorführobjekte verwendet.
Herr Ruhl ist alles in allem ein verständnisvoller, netter und menschlicher Lehrer, und wir hoffen, dass er im nächsten Jahr unser Sportlehrer bleibt.

Fabian

Aufgaben:

1. Lies den Text mit leiser Stimme und achte dabei auf die Satzanfänge, die den Satzbau eintönig machen.

2. Überarbeite den Text so, dass der Satzbau abwechslungsreicher wird. Schreibe den überarbeiteten Text auf ein Blatt und lege ihn ins Portfolio.

Phase 3

Station 10a: Einen Text überarbeiten - abwechslungsreich schreiben

Julia, meine beste Freundin (EA oder PA)

Dominik
Dominik für sein Alter nicht gerade der Größte in der Klasse, dafür ist er aber ganz schön kräftig. Er ist schneller als die andern und spielt besser Fußball als sie. Er erzählt gerne Witze. Er achtet auch sehr auf sein Äußeres. Er sagt über sich selbst: „Ich bin einfach ein kleiner Macho!"

Beim Schreiben, auch beim schriftlichen Charakterisieren, achten wir auf eine abwechslungsreiche Sprache und verwenden nicht immer die gleichen Wörter, wie „sein" und „haben". Statt *Er ist schneller als die anderen* kann man auch *Er rennt schneller als die anderen* schreiben. Auch die Satzanfänge tragen oft zu einem eintönigen Stil bei, z. B. wenn die Sätze mit dem gleichen Personalpronomen: „ich", „er", „sie" oder „es" beginnen. Auch wird der Satzbau eintönig, wenn alle Sätze nach dem gleichen Muster (Subjekt, Prädikat, Objekt ...) gebildet werden. Wenn man einen solchen Stil verbessern will, genügt es deshalb nicht, z. B. das Wort „er" durch andere Wörter zu ersetzen, sondern man muss den Satzbau ändern.

Das kannst du versuchen:
- Stelle, wenn es geht, ein anderes Wort aus dem Satz an den Anfang: *Auf sein Äußeres achtet er sehr. Über sich selbst sagt er ...*
- Füge ein passendes Wort (ein Adverb oder einen adverbialen Ausdruck) oder einen Nebensatz hinzu und baue den Satz um: *Bei jeder Gelegenheit erzählt er Witze. Wenn sich die Gelegenheit bietet, erzählt er Witze.*
- Wenn die beiden Möglichkeiten nicht in Frage kommen, muss man einen neuen Satz formulieren.

Julia, meine beste Freundin
Das Mädchen, das ich beschreiben möchte, kenne ich seit der 5. Klasse. Inzwischen gehen wir zusammen in die 7. Klasse. Julia ist etwa 1,60 m groß. Sie hat schulterlange dunkelbraune Haare. Sie ist immer modisch gekleidet und legt auf ihr Äußeres großen Wert. Sie spielt Musik, da sie Musik mag. Sie kümmert sich liebevoll um ihre Hasen. Sie hat ein wunderschönes Lachen und ist ein lustiger, offener Mensch. Sie ist zu allen Menschen freundlich. Sie ist immer für ihre Freundinnen da und überrascht sie gerne mit kleinen Aufmerksamkeiten.
Julia ist ein ehrlicher, zuverlässiger und verschwiegener Mensch. Sie ist bei ihren Freundinnen deshalb beliebt. Sie ist aber auch manchmal ein bisschen launisch. Ich mag sie trotzdem, deshalb ist sie auch meine beste Freundin.
Jana

Aufgabe:

1. Überarbeite den Text so, dass Sprache (Verben „sein" und „haben": *ist, hat*) und Satzbau (*Sie* am Satzanfang) abwechslungsreicher werden.
2. Schreibe den überarbeiteten Text auf ein Blatt und lege ihn ins Portfolio.

Phase 3

Station 10b: Einen Text überarbeiten – abwechslungsreich schreiben

Herr Ruhl, unser Sportlehrer (EA oder PA)

Dominik

Dominik ist für sein Alter nicht gerade der Größte in der Klasse, dafür ist er aber ganz schön kräftig. Er ist schneller als die andern und spielt besser Fußball als sie. Er erzählt gerne Witze. Er achtet auch sehr auf sein Äußeres. Er sagt über sich selbst: „Ich bin einfach ein kleiner Macho!"

Beim Schreiben, auch beim schriftlichen Charakterisieren, achten wir auf eine abwechslungsreiche Sprache und verwenden nicht immer die gleichen Wörter, wie „sein" und „haben". Statt *Er ist schneller als die anderen* kann man auch *Er rennt schneller als die anderen* schreiben. Auch die Satzanfänge tragen oft zu einem eintönigen Stil bei, z. B. wenn die Sätze mit dem gleichen Personalpronomen: „ich", „er", „sie" oder „es" beginnen. Auch wird der Satzbau eintönig, wenn alle Sätze nach dem gleichen Muster (Subjekt, Prädikat, Objekt ...) gebildet werden. Wenn man einen solchen Stil verbessern will, genügt es deshalb nicht, z. B. das Wort „er" durch andere Wörter zu ersetzen, sondern man muss den Satzbau ändern.

Das kannst du versuchen:
- Stelle, wenn es geht, ein anderes Wort aus dem Satz an den Anfang: *Auf sein Äußeres achtet er sehr. Über sich selbst sagt er ...*
- Füge ein passendes Wort (ein Adverb oder einen adverbialen Ausdruck) oder einen Nebensatz hinzu und baue den Satz um: *Bei jeder Gelegenheit erzählt er Witze. Wenn sich die Gelegenheit bietet, erzählt er Witze.*
- Wenn die beiden Möglichkeiten nicht in Frage kommen, muss man einen neuen Satz formulieren.

Herr Ruhl, unser Sportlehrer
Herr Ruhl kam zum Schulhalbjahr an unsere Schule. Er unterrichtet auch Erdkunde. Er ist schon etwas älter. Er ist groß, schlank und sehr sportlich, was man an seiner Kleidung erkennen kann. Er trägt nämlich meistens einen Trainingsanzug. Er hat einen muskulösen Körper, was bei seinem schon fortgeschrittenen Alter verwunderlich ist. Seine Figur erinnert an einen General. Sein Gesicht ist bereits sehr faltig, aber es strahlt viel Humor aus. Er scheint nie schlecht gelaunt zu sein, höchstens manchmal etwas genervt, wenn es in der Klasse zu laut wird. Er mag es allerdings überhaupt nicht, wenn Schüler uninteressiert sind. Uninteressierte Schüler bestraft er, indem er sie als Vorführobjekte verwendet.
Herr Ruhl ist alles in allem ein verständnisvoller, netter und menschlicher Lehrer, und wir hoffen, dass er im nächsten Jahr unser Sportlehrer bleibt
Fabian

Aufgabe:

Überarbeite den Text so, dass Sprache z. B. Verb „sein": *ist, sind*) und Satzbau (*Er/Seine, Sein* am Satzanfang) abwechslungsreicher werden. Schreibe den überarbeiteten Text auf ein Blatt und lege ihn ins Portfolio.

Phase 3

Station 11: Sprachlich abwechslungsreich charakterisieren mit Adjektiven, Substantiven und Verben

Es müssen nicht immer Adjektive sein! (EA oder PA)

Einen Menschen kann man mithilfe von Adjektiven, aber auch von Substantiven oder Verben charakterisieren.
Mit **Adjektiv**: Sie ist draufgängerisch. Er ist strebsam. Er ist unzuverlässig.
Mit **Substantiv**: Sie ist ein richtiger Draufgänger. Er ist ein Streber.
Mit einem **Verb** oder einem **Ausdruck aus Verb und Substantiv**: Man kann sich oft nicht auf ihn verlassen./Er hält sich nicht an Absprachen.

Aufgaben:

1. Forme die folgenden Sätze mit Adjektiv so um, dass ein Substantiv, ein substantivischer Ausdruck oder ein verbaler Ausdruck das Adjektiv ersetzt.

a. Franz ist abenteuerlustig. Er ist auch furchtlos, (wenn die Clique von ihm eine Mutprobe verlangt).

_____

b. Hannah ist anpassungsfähig. _____

c. Karin ist modebewusst. _____

d. Irene ist anspruchsvoll. _____

e. Hans ist oft antriebslos. _____

f. Monika ist fantasievoll. _____

g. Unser Lehrer ist humorvoll. _____

h. Mein Freund kann nachtragend sein, wenn man ihm einen Schaden zufügt. _____

_____

i. Mein Banknachbar ist schweigsam. _____

j. Karla ist verträumt. _____

k. Meine Mutter ist geduldig. _____

l. Mein Onkel ist meist unnachgiebig, wenn seine Kinder abends länger bei den Freunden bleiben wollen.

_____

m. Der kleine Paul kann ganz schön tyrannisch sein. _____

2. Zeige, dass der Inhalt der Aussage sich ändern kann, wenn statt des Adjektivs ein Substantiv verwendet wird.

„Er ist strebsam." – „Er ist ein Streber."

_____

_____

„Sie ist modebewusst." – „Sie ist eine Modepuppe."

_____

_____

53

Phase 3

Station 12: Figuren nach bildlicher Darstellung charakterisieren

Figuren aus dem Kinderbuch „Der Struwwelpeter" von Heinrich Hoffmann (EA oder PA)

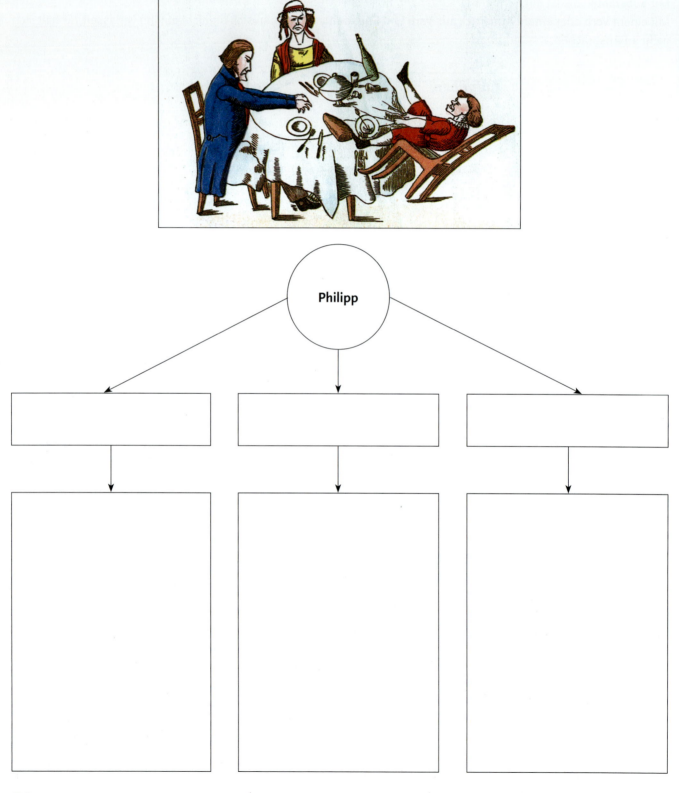

54

Phase 3

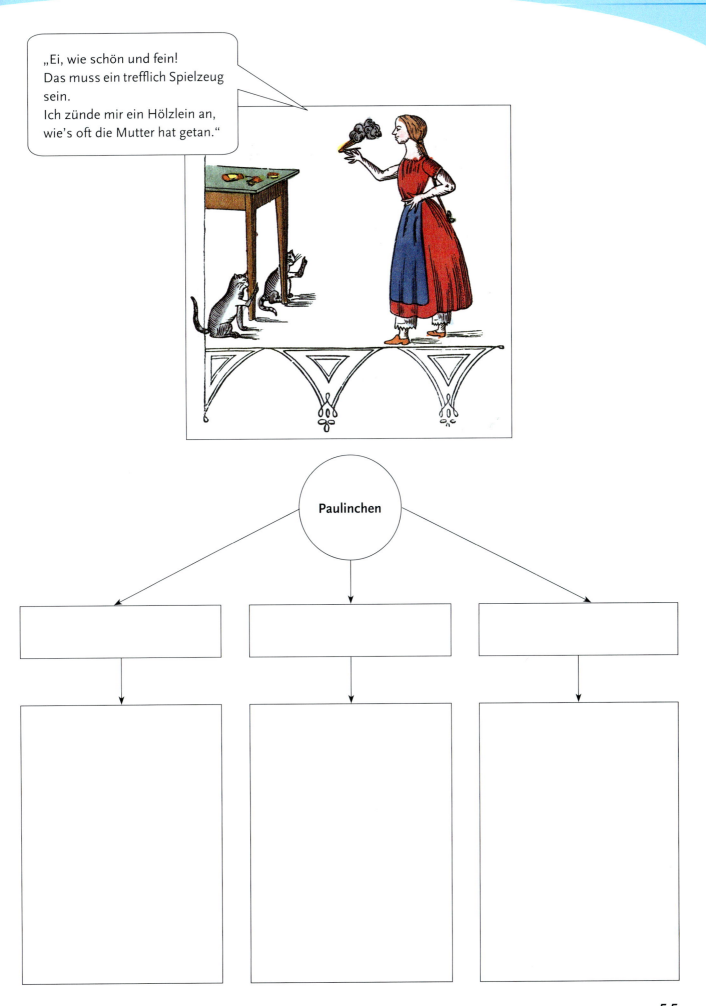

Phase 3

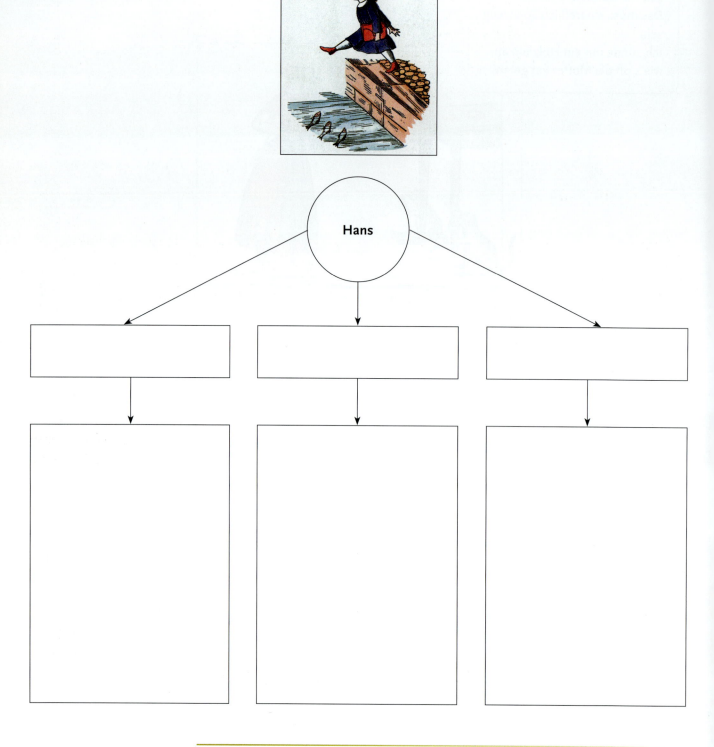

Hans

Aufgaben

1. Wähle die beiden Figuren aus, die du gerne charakterisieren würdest.
2. Schau dir die Bilder genau an und notiere kurz auf einem Blatt, was du siehst.
3. Überlege dir drei Adjektive oder andere Formulierungen, die deiner Meinung nach die Kinder charakterisieren, und halte sie im kleinen Kästchen fest.
4. Versuche herauszufinden, was genau dich zu deinem Charakterbild gebracht hat, und trage das Ergebnis deiner Überlegung in das zweite, größere Kästchen ein.

Phase 3

Station 13a: Treffende Adjektive finden

Wer findet das Adjektiv? (PA)

Spielregel:

Auf der **Vorderseite** der Kärtchen steht ein Adjektiv,
auf der **Rückseite** eine Umschreibung, die die Bedeutung des Adjektivs erklärt.

neidisch	**jemand, der nicht ertragen kann, dass ein anderer mehr besitzt als er oder mehr Erfolg hat und angesehener ist**

Es spielen immer zwei Personen zusammen.

- Die Kärtchen werden zuerst gemischt. Dann werden zwei Häufchen zu je 8 Karten gebildet.

- Zuerst wird mit dem einen Kartenhäufchen gespielt. Eine Person (A), die ausgezählt oder mit einer Münze ermittelt werden kann, nimmt ein Kärtchen so auf, dass die Mitspielerin oder der Mitspieler (B) das Adjektiv nicht sehen kann.

- Dann liest A die Umschreibung bzw. Erklärung („jemand, der nicht ertragen kann, dass ein anderer mehr besitzt als er oder mehr Erfolg hat und angesehener ist") vor. Wenn B das richtige Adjektiv, z. B. neidisch, errät, macht er den Punkt und darf das Kärtchen an sich nehmen. Wenn nicht, wird es zur Seite gelegt und B bekommt keinen Punkt.

- Auf diese Weise wird fortgefahren, bis das Kartenhäufchen abgearbeitet ist.

- Dann wird mit dem zweiten Kartenhäufchen genauso gespielt, nur dass die Rollen vertauscht sind, also B die Umschreibung vorliest und A das Adjektiv erraten muss.

Gewonnen hat, wer die meisten Kärtchen gesammelt hat.

gesellig	**jemand, der gerne zwanglos unbeschwerte, vergnügliche Stunden mit anderen verbringt, z. B. um Gedanken auszutauschen oder sich beim gemeinsamen Tun zu entspannen**

57

Phase 3

Station 13b: Treffende Adjektive finden

Wer findet das Adjektiv? (PA)

Spielregel:

Auf der **Vorderseite** der Kärtchen steht ein Adjektiv,
auf der **Rückseite** eine Umschreibung, die die Bedeutung des Adjektivs erklärt.

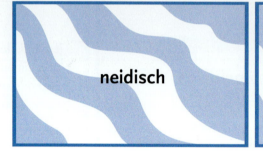

Es spielen immer zwei Personen zusammen.

- Vor euch liegen 16 Kärtchen. Jeder nimmt eines und liest die Vorder- und Rückseite. Versucht euch den Inhalt zu merken. Dann tauscht ihr die Kärtchen und lest sie wieder. Dann legt ihr beide zur Seite. Verfahrt so mit allen Kärtchen.

- Mischt die Kärtchen und bildet zwei Häufchen zu je 8 Karten.

- Zuerst wird mit dem einen Kartenhäufchen gespielt. Eine Person (A), die ausgezählt oder mit einer Münze ermittelt werden kann, nimmt ein Kärtchen so auf, dass die Mitspielerin oder der Mitspieler (B) das Adjektiv nicht sehen kann.

- Dann liest A die Umschreibung bzw. Erklärung („jemand, der nicht ertragen kann, ... und angesehener ist") vor. Wenn B das richtige Adjektiv, z. B. neidisch, errät, macht er den Punkt und darf das Kärtchen an sich nehmen. Wenn nicht, wird es zur Seite gelegt und B bekommt keinen Punkt.

- Auf diese Weise wird fortgefahren, bis das Kartenhäufchen abgearbeitet ist.

- Dann wird mit dem zweiten Kartenhäufchen genauso gespielt, nur dass die Rollen vertauscht sind, also B die Umschreibung vorliest und A das Adjektiv erraten muss.

Gewonnen hat, wer die meisten Kärtchen gesammelt hat.

gewissenhaft	jemand, der immer alles sehr genau nimmt, zielstrebig und pflichtbewusst ist und alles im Leben diszipliniert durchplant
unzuverlässig	jemand, der planlos anderen Menschen oder Dingen gegenüber handelt, so dass man weder im Beruf noch privat sicher mit ihm rechnen kann
belastbar	jemand, der viel Arbeit und Stress ertragen kann und in der Lage ist, den sich ständig wechselnden, vielfältigen Anforderungen im Beruf und im privaten Leben zu genügen
kreativ	jemand, der immer viele neue Ideen hat und für Probleme originelle Problemlösungen hat, auf die andere nicht so leicht kommen
umsichtig	jemand, der beim Handeln alle wichtigen Umstände im Blick hat und besonnen und planvoll vorgeht

flexibel	jemand, der im Denken und Handeln beweglich ist und sich schnell auf neue Situationen und Umstände einstellen kann
verträumt	jemand, der viel seinen Fantasien nachhängt und deshalb oft wirklichkeitsfern ist
bodenständig	jemand der fest in der Heimat verwurzelt, d.h. mit den heimatlichen Traditionen verbunden ist; jemand, der auf Dinge setzt, die sich in der Vergangenheit bewährt haben
beharrlich	jemand, der hartnäckig an etwas festhält und nicht nachgibt, wenn er etwas erreichen will
häuslich	jemand, der ungern ausgeht und sich am liebsten in seinen eigenen vier Wänden aufhält

Phase 3

unordentlich	jemand, der die Dinge nicht sorgfältig und korrekt erledigt, z. B. seinen Arbeitsplatz nicht aufräumt, und sich nicht an die Vorgaben hält, die zu beachten sind
anhänglich	jemand, der sich gerne in der Nähe von Personen aufhält, die er mag, und treu zu ihnen hält
selbstbewusst	jemand, der von der eigenen Person, seinen Fähigkeiten und seinem Wert sehr überzeugt ist
zuvorkommend	jemand, der auf die Wünsche anderer höflich und freundlich eingeht und sich hilfsbereit zeigt
heimtückisch	jemand, der hinterrücks und verstohlen versucht, einem Schaden zuzufügen, ohne dass der andere etwas davon mitbekommt

61

Phase 3

Station 14a: Wortfelder überblicken I

Kuckuckseier finden: Welches Adjektiv passt nicht dazu? (EA oder PA)

Aufgabe:

Auf dieser Seite findet ihr unter einem fettgedruckten Adjektiv das dazugehörige Wortfeld, d.h. Synonyme oder Adjektive mit ähnlicher Bedeutung. Unter den Adjektiven befindet sich aber jeweils ein **Kuckucksei**, d.h. ein Adjektiv, das nicht in das Wortfeld gehört. Sucht die Kuckuckseier im jeweiligen Wortfeld, markiert sie und tragt den angegebenen Buchstaben in die entsprechenden Felder ein.

Beispiel:

draufgängerisch

waghalsig, tollkühn, unerschrocken, wagemutig, furchtlos, ausgelassen, verwegen (*2. Buchstabe*)

U										

aufgeschlossen

aufnahmebereit, ansprechbar, aufnahmefähig, aufnahmewillig, empfänglich, einfühlsam, interessiert (*3. Buchstabe*)

ausgleichend

versöhnlich, friedlich, tolerant, verständnisvoll, vermittelnd, vernünftig, duldsam, einsichtig, friedliebend, zuverlässig, verträglich, friedfertig (*3. Buchstabe*)

beharrlich

ausdauernd, durchhaltend, entschlossen, hartnäckig, besonnen, konsequent, standhaft (*2. Buchstabe*)

ehrgeizig

strebsam, eifrig, tüchtig, leistungswillig, geltungsbedürftig, schlagfertig, streberhaft (*9. Buchstabe*)

freigiebig

spendabel, großzügig, mildtätig, nobel, nachgiebig, großherzig, eine offene Hand habend (*1. Buchstabe*)

einfühlsam

fühlend, mitfühlend, teilnahmsvoll, mitleidig, gutmütig, sentimental (*5. Buchstabe*)

gutmütig

gutherzig, gütig, freundlich, gut, lieb, lebensfremd, wohltätig, barmherzig, menschlich, mild, sanft, sanftmütig (*5. Buchstabe*)

ideenreich

voller Einfälle, einfallsreich, erfinderisch, kreativ, fantasievoll, originell, produktiv, schöpferisch, geistreich, kontaktfreudig, spritzig, witzig (*8. Buchstabe*)

verständnisvoll

aufgeschlossen, einsichtig, entgegenkommend, gleichgültig, mitfühlend, tolerant, weitherzig, großherzig, großzügig, nachsichtig (*10. Buchstabe*)

verantwortungsbewusst

gewissenhaft, verantwortungsvoll, pflichtbewusst, verlässlich, großzügig, zuverlässig, pflichteifrig (*8. und 9. Buchstabe*)

62

Phase 3

Station 14b: Wortfelder überblicken II

Kuckuckseier finden: Welches Adjektiv passt nicht dazu? (EA oder PA)

Aufgabe:

Auf dieser Seite findet ihr unter einem fettgedruckten Adjektiv das dazugehörige Wortfeld, d. h. Synonyme oder Adjektive mit ähnlicher Bedeutung. Unter den Adjektiven befindet sich aber jeweils ein **Kuckucksei**, d. h. ein Adjektiv, das nicht in das Wortfeld gehört. Sucht die Kuckuckseier im jeweiligen Wortfeld, markiert sie und tragt den angegebenen Buchstaben in die entsprechenden Felder ein.

Beispiel:

ausgleichend
versöhnlich, friedlich, verständnisvoll, zuverlässig, verträglich, friedfertig (*3. Buchstabe*)

V								

beharrlich
ausdauernd, hartnäckig, besonnen, konsequent, standhaft (*2. Buchstabe*)

ehrgeizig
strebsam, eifrig, tüchtig, leistungswillig, schlagfertig, streberhaft (*9. Buchstabe*)

freigiebig
spendabel, großzügig, mildtätig, nachgiebig, großherzig (*1. Buchstabe*)

einfühlsam
fühlend, mitfühlend, teilnahmsvoll, gutmütig (*5. Buchstabe*)

gutmütig
gutherzig, gütig, freundlich, lebensfremd, wohltätig, barmherzig, menschlich (*5. Buchstabe*)

ideenreich
einfallsreich, erfinderisch, kreativ, fantasievoll, originell, schöpferisch, geistreich, kontaktfreudig (*8. Buchstabe*)

verständnisvoll
aufgeschlossen, einsichtig, entgegenkommend, gleichgültig, mitfühlend, weitherzig (*10. Buchstabe*)

verantwortungsbewusst
gewissenhaft, verantwortungsvoll, pflichtbewusst, großzügig, zuverlässig (*8. und 9. Buchstabe*)

Phase 3

Station 15: Eine Charakteristik in der Diskussionsrunde bewerten

Philipps Vater (GA, 3 bis 4 Personen)

Philipp hat versucht, seinen Vater zu charakterisieren. Ob ihm dies gelungen ist, sollt ihr in einer Diskussionsrunde (3–4 Personen) klären. Verwendet dabei die Checkliste.

Aufgabe:

1. Jeder liest den Aufsatz durch und notiert auf einem Blatt, was ihm auffällt.

2. Anschließend geht jeder mithilfe der Checkliste den Aufsatz Schritt für Schritt durch und unterstreicht mit Bleistift die Stellen, die sich auf einen der Punkte der Checkliste (1–10) beziehen. Am Rand notiert ihr die entsprechende Zahl.

3. Anschließend legt sich jeder auf eine Note fest und notiert die Schwächen und Vorzüge des Aufsatzes, die ihn dazu bewogen haben, eine bestimmte Note zu geben.

4. Vergleicht nun eure Ergebnisse miteinander und diskutiert über Gemeinsamkeiten und Unterschiede.

5. Einigt euch auf eine Note und formuliert eine verbale Begründung:

   Lieber Philipp, deine Charakteristik ist ...
   Besonders gefallen hat uns ...

6. Hinterlegt euer Votum[1] beim Lehrer bzw. bei der Lehrerin. Im Anschluss an die Stationenarbeit könnt ihr euch im Plenum[2] über die Ergebnisse austauschen.

[1] Votum: Meinungsäußerung, Urteil
[2] Plenum: Vollversammlung, hier: im Klassenverband

Mein Vater

Ich möchte jetzt meinen Vater vorstellen.

Mein Vater ist Mitte 40 und hat eine Figur, die, wenn man ihn von der Seite betrachtet, im Bauchbereich etwas ausschlägt. Seine Größe beträgt ca. 1,80 und er hat ein rundes Gesicht, aus dem einen zwei blaue Augen meistens ironisch anblicken.

Es fällt auf, wenn man ihn länger kennt, dass er sich in Hemd und Jeans am wohlsten fühlt. Außerdem legt er Wert auf gutes, manchmal teures Schuhwerk.

Wenn er von der Arbeit zurückkommt, ist er meistens genervt und hat schlechte Laune. Dann setzt er sich an den Computer und will nicht gestört werden.

Trotzdem ist er ein lustiger Kerl, der oft Witze reißt, Spaß versteht und sehr ironisch sein kann. Dies äußert sich vor allem, wenn es um Hausarbeit geht: „Philipp, du räumst den Tisch ab, und Pascal, du machst die Küche." – „Wieso soll ich schon wieder die Küche machen? Das hab ich gestern schon!" – „Na und? Du kannst das halt am besten." Und dann, während wir schuften, legt er sich im Garten in den Liegestuhl und liest. Außerdem liebt er Natur und Kultur, was sich in Form von Wanderungen und Museumsbesuchen auf uns auswirkt. Dies ist seine Art, so ist er nun mal, und ich mag ihn so, wie er ist.

Phase 3

Station 16: Wortfelder legen

Wer findet am schnellsten die fünf Wortfelder? (PA)

Das Wortfeld-Wettspiel

Spielregel:

Es spielen immer zwei Personen gegeneinander.

Der Satz Kärtchen liegt zweimal vor.

1. Jeder Mitspieler bzw. jede Mitspielerin bekommt einen der beiden Stapel mit jeweils 20 Kärtchen, auf denen jeweils ein Adjektiv steht.

2. Jeder mischt zuerst gründlich seine Kärtchen.

3. Die 20 Kärtchen mit den Adjektiven gehören zu 5 Wortfeldern. Einigt euch auf ein Signal. Dann legt ihr die Kärtchen alle vor euch auf den Tisch. Aufgabe ist es, so schnell wie möglich die Kärtchen so zu legen, dass die **vier Adjektive, die zusammen ein Wortfeld bilden, nebeneinanderliegen**. Die Reihenfolge der Kärtchen spielt keine Rolle.

4. Wer zuerst fertig ist, hat gewonnen.

Beispiel:

| verwegen | tollkühn | unerschrocken | waghalsig |

66

Phase 3

listig	verschlagen
schlau	pfiffig
ehrgeizig	strebsam
leistungswillig	eifrig
ideenreich	erfinderisch

Phase 3

fantasievoll	kreativ
verantwortungsbewusst	pflichtbewusst
zuverlässig	gewissenhaft
beharrlich	ausdauernd
standhaft	hartnäckig

Phase 3

Station 17: Einen zusammenhängenden Text erstellen

Wie man Sätze sinnvoll verbindet (EA)

Häufig werden in einer Charakteristik die einzelnen Aussagen zu einer Person zusammenhanglos aneinandergereiht, wie im unten stehenden Text. Die Striche // verweisen auf die Brüche. Außerdem sind alle Sätze nach dem gleichen Muster gebaut und beginnen fast alle mit „Dominik" oder „Er".

Aufgabe:

Schreibe den Text unten noch einmal in die rechte Spalte mit entsprechenden Verbindungswörtern, wie zum Beispiel: *außerdem, zudem, auch, allerdings, darüber hinaus, einerseits ... andererseits, jedoch ...,*

Oft hilft es auch, die Satzglieder in eine andere Reihenfolge zu bringen oder Sätze miteinander zu verbinden, zum Beispiel:
Hans ist ein freundlicher Junge. Er grüßt immer, wenn man ihn trifft.
→ *Hans ist ein freundlicher Junge, der immer grüßt, wenn man ihn trifft.*

Oder

→ *Hans ist ein freundlicher Junge, der nie vergisst zu grüßen, wenn man ihn trifft.*

Schülertexte	Verbesserte Fassung
Dominik ist ca. 1,67 m groß, hat dunkelbraune Haare und eine sportliche Figur. // Dominik ist meistens fröhlich. // Er trommelt gerne in der Schule mit den Händen auf dem Tisch und lässt sich nicht davon abbringen, was ganz schön nervt. // Dominik ist meistens ruhig, jedoch ärgert er manchmal andere. // Dominik ist zu seinen Freunden und fast allen anderen hilfsbereit. // Er ist ein großer Tierfreund, denn er hat Fische und Hasen als Haustiere.	

Phase 3

Station 18: In eine schriftliche Charakteristik einsteigen

Wie fange ich die Charakteristik nur an? (EA oder PA)

Aller Anfang ist schwer, das gilt auch für das Schreiben einer Charakteristik.

In einem Modellaufsatz, der in der Klasse besprochen worden ist, fängt der Schreiber so an:

„Mit dem Mädchen, das ich nun charakterisieren will, gehe ich seit der 5. Klasse in die gleiche Schule. Wir besuchen beide die 7. Klasse der Gustav-Heinemann-Schule. Julia ist 1,65 m groß ...".

Nach diesem Beispiel formulieren nun alle Schülerinnen und Schüler der Klasse ihre Charakteristiken, z. B.:

Den Jungen, den ich beschreibe, kenne ich seit der Grundschule. ...

Yasmin ist meine Klassenkameradin, mit der ich seit zwei Jahren in eine Klasse gehe.

Aufgabe:

Die Schülerinnen und Schüler haben ihre Aufsätze überarbeitet und sich dabei um interessantere und originellere Anfänge bemüht. Lies die folgenden Einleitungen durch und bewerte sie.

Einleitung	Bewertung (Ich halte die Einleitung für gelungen, weil .../nicht gelungen, weil)
1. Schon in der Grundschule verstanden Dominik und ich uns sehr gut. Wir trafen uns schon damals häufig in der Freizeit und spielten miteinander. Unser gemeinsames Hobby war und ist das Fußballspiel. Seit wir beide am gleichen Gymnasium sind, können wir zwar nicht mehr so viel Zeit miteinander verbringen, aber gute Freunde sind wir immer noch. (Dominik ist 1,65 m groß ...)	
2. Das Mädchen, das ich charakterisieren will, ist erst im letzten Jahr in unsere Klasse gekommen. Aber von Anfang an fand ich sie sympathisch. Seit diesem Schuljahr sitzen wir nebeneinander und sind richtige Freundinnen geworden. (Yasmin ist für ihr Alter groß, schon über 1,70 m, ...)	
3. Conny gehört zu denjenigen in der Klasse, die einem nicht auf den ersten Blick auffallen. Viele kennen sie kaum. Das soll sich ändern. Deshalb will ich sie vorstellen.	
4. Ich möchte Marvin vorstellen. Marvin ist ein Typ, der immer für Abwechslung sorgt, ein richtiger Witzbold. Mit ihm wird es einem nie langweilig. Deshalb mögen ihn alle in der Klasse. Auch ich verstehe mich gut mit ihm. (Marvin ist ziemlich klein, ...)	

70

Phase 3

Station 19: Eine Charakteristik abrundend beenden

Ende gut – alles gut! (EA oder PA)

Bei der Charakterisierung einer Person ist es sinnvoll, den Text mit einem abrundenden Schlusssatz zu beenden.

Aufgabe:

Bewerte die vier Schlüsse und begründe deine Bewertung in der rechten Spalte der Tabelle.

Schlusssätze	Bewertung und Begründung
1. Sie verteidigt ihre Freunde und hilft ihren Mitschülern. Wenn diese Probleme haben, geht sie zu ihnen und tröstet sie.	
2. Alles in allem ist sie die perfekte Freundin, die man sich wünschen kann, und ich bin froh, sie als beste Freundin und Banknachbarin zu haben.	
3. Man kann ihr alles anvertrauen, denn ich weiß, dass sie verschwiegen ist.	
4. Dominik ist ein ehrlicher und hilfsbereiter Mensch, den man gut als Freund haben kann.	

Lehrerhinweise zu den Stationen 1a Domino-Spiel und 1b Memory der Adjektive (S. 29–33)

An der Station 1 können die Schülerinnen und Schüler zwischen den beiden Möglichkeiten (Domino und Memory) wählen. Die Spiele werden mit identischen Kärtchen gespielt. Sie müssen also zweimal kopiert werden. Für das **Domino-Spiel** werden jeweils Adjektivpaare ausgeschnitten, z. B. *nervös – beharrlich, hartnäckig – kühn, wagemutig – dickköpfig* usw.

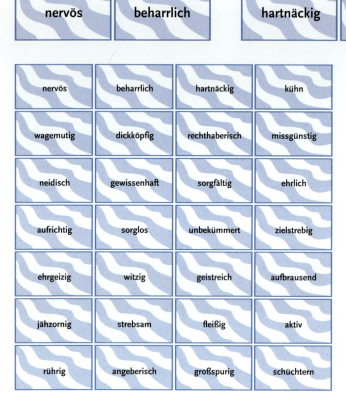

Man kann die Seiten mit den fortlaufend geordneten Kärtchen als ganze Seiten kopieren und in einem Umschlag zur Selbstkontrolle an der Station oder an einem anderen vereinbarten Ort auslegen.

Die Schülerinnen und Schüler sollten dann so diszipliniert sein, dass sie sich erst ausreichend bemühen, bevor sie nach den Lösungen greifen. Es können aber auch alle Kontrollblätter in der Hand der Lehrperson bleiben, die gemeinsam mit den Schülerinnen und Schülern das Ergebnis überprüft. Die Adjektive sind auf der Seite so angeordnet, dass immer das zweite Adjektiv auf einem Kärtchen zum ersten auf dem folgenden Kärtchen gehört, also *beharrlich* zu *hartnäckig*, *kühn* zu *wagemutig* usw.

Für das **Memory** werden einzelne Kärtchen ausgeschnitten.

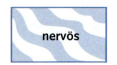  

Im Sinne der **quantitativen Differenzierung** kann an beiden Stationen, an 1a) und 1b), die Anzahl der Kärtchen reduziert werden. Auf diese Weise werden zwei weitere Lernstationen geschaffen, an denen Schülerinnen und Schüler, die für das Spiel mehr Zeit brauchen oder Konzentrationsschwierigkeiten haben, erfolgreich üben können. Man kann das Spiel für diese Gruppe auf die Adjektive von *nervös* (S. 31, links oben) bis *tapfer* (S. 32 Mitte) beschränken. Auf dem letzten Kärtchen muss man dann *gütig* durch *fahrig* ersetzen, damit an das Adjektiv *nervös* angeschlossen werden kann (siehe Seite 33).

Bei reduzierter Kartenzahl sollte man die Zahl der Mitspieler auf drei beschränken.
Es empfiehlt sich, alle Arbeitsmaterialien zu laminieren.

Phase 3

Lehrerhinweise zu den Stationen 2, 3 a und 3 b (S. 34 – 38)

Die **Station 2** ist für Schülerinnen und Schüler unterschiedlicher Leistungsniveaus geeignet (A, B oder C). Auch das gemeinsame Spiel von Kindern mit einem großen Wortschatz und eher „wortkargen" ist effektiv. Es ist auch sinnvoll, an solchen Stationen Kinder unterschiedlichen Leistungsniveaus zusammenzuführen, damit die Mitschülerinnen und Mitschüler von den Stationen, die Einzelnen zugewiesen werden, nicht auf deren Leistungsvermögen schließen können.

Die Kontrolle erfolgt in der Gruppe, die darüber wacht, dass wirklich der dritte Buchstabe der Anfangsbuchstabe des nächsten Adjektivs ist.

Es liegt mit Blick auf die Schlange zunächst nahe, den letzten Buchstaben für das neue Adjektiv zu wählen. Das Problem dabei ist, dass sich wegen der vielen Adjektive mit typischen Adjektivenden (-lich, -ig, -bar, -haft usw.) bestimmte Anfangsbuchstaben häufen würden.

Die **Station 3** enthält ein binnendifferenzierendes Angebot für Jungen und Mädchen.

Die erste Aufgabe soll jeweils auf das aufmerksam machen, was inhaltlich zusammengehört.

Die zweite soll die inhaltliche Gliederung und die jeweilige Darstellung einzelner Charakterzüge und persönlicher Eigenheiten ins Bewusstsein rücken.

Die dritte Aufgabe soll zur Umsetzung des Gelernten anregen, wobei die Textvorgabe die Aufgabe erleichtert. Dass das Personalpronomen „ich" am Satzanfang dominiert (Originalmail!), bleibt an dieser Station unberücksichtigt.

Lösungen:

Station 3 a: Dennis

1. Mögliche Abschnitte:

Es gibt mehrere Möglichkeiten, die Sinneinheiten des Textes durch Abschnitte sichtbar zu machen. Entscheidend ist, dass die Lernenden ihre Gliederung begründen können.

Hallo,

ich bin Dennis und suche einen Freund, der mit mir Briefe oder E-Mails austauscht.

Ich bin 13 Jahre alt, habe zwei kleinere Brüder, zwei und vier, mit denen ich leider noch nicht viel anfangen kann.

Ich wohne in Köln, bin etwa 1,70 m groß und weder dick noch dünn. Alles Weitere könnt ihr auf dem beigefügten Foto sehen.

Ich bin sportlich. Am liebsten spiele ich Fußball, und zwar im FVK Köln. Zweimal in der Woche gehe ich ins Training, was mir fast zu wenig ist.

Meine Freizeit verbringe ich gerne mit meinen Freunden aus dem Fußballverein. Wir machen viele verschiedene Sachen zusammen, z. B. ins Kino gehen, im Baggersee baden oder gemeinsam „abhängen". Ich komme mit jedem gut klar. „Der ist cool drauf!", sagen die andern über mich. Mich bringt nichts so schnell aus der Ruhe.

Wenn ich nicht mit den anderen unterwegs bin, kümmere ich mich um meine „Piranhas" und mein Aquarium. Dafür nehme ich mir viel Zeit. Das Aquarium muss nämlich öfter gereinigt werden Gerne schaue ich meinen Fischen zu, wie sie herumschwimmen. Es sind vor allem Guppys und Neonfische, die mein Aquarium bevölkern, und ein paar Wasserschnecken.

Fast hätte ich's vergessen: Ich lese auch ganz gerne, vor allem Ritter- und Fantasygeschichten.

Schreibt mir, wenn mein „Profil" euer Interesse geweckt hat, auch wenn ihr nur ein Hobby mit mir teilt. Ich beantworte alle Nachrichten.

2. Randbemerkungen, Gliederung

Angabe zu Namen und Anliegen (Brieffreundschaft, Mailkontakt)

Hinweise auf das Alter, Zahl und Alter der Geschwister, Wohnort, Körpergröße, Gesamteindruck

Eigenschaften:
- sportlich, Fußballspieler,
- gesellig, ist gerne im Kreis der Freunde, mit denen er gerne Unterschiedliches erlebt
- verträglich, kommt mit allen klar,
- gilt als cool, bleibt stets beherrscht,
- begeisterter „Aquarianer" mit Piranhas und anderen Fischen,
- Leser von Ritter- und Fantasygeschichten

Phase 3

Station 3b: Laura

1. Mögliche Abschnitte:

Es gibt mehrere Möglichkeiten, die Sinneinheiten des Textes durch Abschnitte sichtbar zu machen. Entscheidend ist, dass die Lernenden ihre Gliederung begründen können.

Hallo,

ich bin Laura und suche eine Brieffreundin.

Ich wäre sehr glücklich, wenn mir jemand schreiben würde, der an der Nord- oder Ostsee wohnt, denn das Meer kenne ich noch gar nicht. Aber ich freue mich auch über Mails aus anderen Gegenden.

Ich bin 13 Jahre alt, habe zwei Geschwister und wohne in Rastatt. Wie ich aussehe, brauche ich nicht zu sagen, das kann man ja auf dem beigefügten Foto sehen.

Aber ihr wollt sicher etwas über mich erfahren.

Ich bin ein lustiger Typ, der gerne lacht und sich mit den anderen über etwas freut, z. B. wenn die Banknachbarin eine gute Note geschrieben hat. Dann bin ich nicht neidisch, sondern froh darüber, dass sie es geschafft hat. Allerdings bin ich in Deutsch schon einmal aus dem Unterricht geflogen, weil ich mit dem Lachen nicht mehr aufhören konnte.

Manchmal bin ich auch etwas leichtsinnig. Dann denke ich, es wird schon werden, und fange zu spät an, für eine Arbeit zu lernen.

Ich bin auch tierlieb. Das merkt man, wenn man in mein Zimmer kommt, ich habe nämlich nicht nur eine Katze, die gerne auf meinem Bett liegt, sondern auch eine weiße Ratte im Käfig und Fische im Aquarium. Es macht mir Spaß, mich um die Tiere zu kümmern, sie zu beobachten und zu sehen, wie sie auf mich reagieren.

Auch bin ich sportlich: Ihr werdet es nicht glauben, aber ich spiele Fußball im FC Baden-Baden. Vielleicht schaffe ich es mal in die Bundesliga!

Dass ich mutig bin, habt ihr sicher schon gemerkt, denn wenn man Mädchenfußball spielt, wird man oft ausgelacht, vor allem von Jungs.

Obwohl ich manchmal leichtsinnig bin, so bin ich doch zuverlässig. Wenn ich etwas versprochen habe, dann mache ich es auch. Überhaupt können meine Freundinnen und Freunde sich immer auf mich verlassen. Ich bin für sie da, wenn sie mich brauchen.

Über Antwort würde ich mich sehr freuen. Ich werde jede Mail beantworten!

2. Randbemerkungen, Gliederung

Angabe zu Namen und Anliegen, Suche eines Briefpartners in Meeresnähe, auch Mailkontakt möglich

Hinweise auf das Alter, Zahl der Geschwister, Wohnort

Eigenschaften:
– lustiger Typ, der gerne, auch mit anderen, lacht,
– etwas leichtsinnig,
– tierlieb, mit Katze, Ratte und Fischen,
– sportlich, Fußballspielerin mit großen Plänen,
– mutig, zuverlässig, hilfsbereit

74

Phase 3

Lehrerhinweise zur Station 4 (S. 39)

Bilder von Menschen entstehen nicht nur auf der Basis dessen, was diese tun, sondern auch auf der Grundlage dessen, was sie sagen und wie das akustisch bei uns ankommt. Um vom Gehörten auf den Charakter zu schließen, bedarf es besonderer hermeneutischer Kompetenzen: Über das hinaus, was explizit gesagt wird, spielen bei der Deutung nämlich auch die Stimme, die Sprechweise, die Tonhöhe usw. eine große Rolle. Es ist deshalb wichtig, dass auch die Charakterisierung, ausgehend vom Gehörten, geübt wird.

> Die Audiodatei kann unter
> www.schoeningh-schulbuch.de/du-selbst
> heruntergeladen werden.

Hier der Ausgangstext:

Dialog:

– „Hallo Sarah!"
– „Hallo Tina!"
– „Mensch, Sarah, hast du auch solchen Bammel vor dem Diktat?"
– „Och, na ja, wird schon gutgehen. Ich mache mir da keinen Kopf."
– „Ja du, aber ich kann nicht wieder eine Fünf nach Hause bringen. Vielleicht hätte ich mehr üben sollen."
– „Pass auf, jetzt beruhige dich mal, es wird nichts so heiß gegessen wie gekocht."
– „Du mit deinen guten Noten, du hast gut reden, du schreibst sowieso wieder eine Eins. Davon kann ich nur träumen."
– „Weißt du was, auf das nächste Diktat üben wir auf jeden Fall zusammen. Wir diktieren uns gegenseitig ein paar Texte."
– „Wenn das mal keine vergebliche Mühe ist."

Mögliche Lösung:

Tina folgende Eigenschaften	Begründung
T. ängstlich, mutlos, verzagt, traut sich nichts zu. T. macht sich Vorwürfe. T. hat Minderwertigkeitsgefühle und ist ein bisschen neidisch. T. ist pessimistisch.	T. befürchtet eine schlechte Note im Diktat, schreibt öfter eine Fünf, hat Bammel, wie sie sagt. T. meint, dass sie mehr hätte lernen sollen. T. rechnet mit einer schlechten Note, während sie glaubt, dass Sarah wieder eine Eins schreiben wird. Sie glaubt nicht, dass das gemeinsame Üben etwas bringt.
Sarah folgende Eigenschaften	**Begründung**
S. ist optimistisch. S. ist auch sorglos und selbstbewusst. Sie ist gelassen. Sie ist hilfsbereit und praktisch.	Sie meint, dass das Diktat gut ausfallen wird. Sie macht sich weiter keine Gedanken über das Diktat und ist sich sicher, dass alles gut gehen wird. Sie fordert Tina auf, wie sie gelassen zu sein. Sie schlägt vor, gemeinsam zu üben.

Phase 3

Lehrerhinweise zu den Stationen 5a und 5b (S. 40–43)

An dieser Station können Jungen und Mädchen wählen, ob sie sich mit der Charakteristik von Lena oder mit der von Sven befassen. Sie erweitern ihre Kompetenz, indem sie das Schreiben einer Charakteristik kritisch reflektieren, und zwar den Aufbau, die Begründung der zugewiesenen Eigenschaften, die Wahl des treffenden Adjektivs und die Wahl abwechslungsreicher Verben, und indem sie die Schwächen verbessern.

1. Das Durchlesen vermittelt in beiden Fällen ein stimmiges Bild mit recht klaren Konturen: **Lena** erscheint als dunkler, sportlicher Typ, energisch, zielstrebig und verschwiegen, eine gute Freundin, auf die man sich verlassen kann. **Sven** wirkt als frecher Lausbub, mit seinen abstehenden Ohren und den verwaschenen Jeans, dabei ist er sehr sportlich und recht „cool"; in der Schule, vor allem auch als Freund, und zuverlässig.
Die Texte weisen einen klaren Aufbau auf, sie führen vom Äußeren zum Inneren. Die Eigenschaften werden nachvollziehbar begründet, so wird Lenas und Svens Sportlichkeit an Beispielen veranschaulicht. Sinnvoll, über die Verschwiegenheit und Zuverlässigkeit der beiden, wird nachvollziehbar zum Schlusssatz geführt. Es gibt Verbindungswörter (z. B. *außerdem*, *weil*, *auch* bei Lena), der Text hat jeweils Zusammenhang, wenn man auch hier noch mehr hätte tun können. Die Schwächen werden in den Aufgaben genannt (treffendere Adjektive und abwechslungsreichere Wörter als Desiderate).

2. Bei der Fortführung der verbalen Begründung von Frau Hinz sollen die Schülerinnen und Schüler noch einmal die Stärken und Schwächen der Arbeit in den Blick nehmen und sie sich bewusst machen. Sie sollten den sinnvollen Aufbau hervorheben und die konsequente Begründung der Urteile, die die Charakteristik nachvollziehbar und anschaulich macht. Sie sollen auch bemängeln, dass die Wortwahl nicht immer gelungen ist, und auf die Schwachstellen verweisen.

3. Statt *ehrgeizig* könnte man *fleißig* oder *zuverlässig* verwenden, statt *trotzig* passt besser *hartnäckig* oder auch, ein bisschen negativ, *dickköpfig*, statt *schweigsam* passt *verschwiegen*.

4. **Mögliche Ergebnisse**:

Lena, meine beste Freundin, gehört zu den Größeren in der Klasse. Mit ihren langen braunen Haaren, den braungrünen Augen und den dunklen Wimpern wirkt sie eher als dunkler Typ. Jeans und T-Shirts lassen sie sportlich erscheinen. Dazu passt, dass sie gerne Tischtennis spielt, Jazz-Tanz macht und gerne ins Schwimmbad geht.

Sven, mein bester Freund, gehört zu den Größeren in der Klasse. Mit seinen kurzen braunen Haaren, den braungrünen Augen und den abstehenden Ohren wirkt er wie ein richtiger Lausbub. Jeans und T-Shirts passen zu dem sportlichen Typ.

Phase 3

Lehrerhinweise zu den Stationen 6 und 7 (S. 44 – 46)

Was Menschen sagen, ist besonders aufschlussreich. Deshalb wird an zwei Stationen die Zuordnung von Eigenschaften zu Sprechhandlungen fokussiert. An der **Station 6** werden die Eigenschaften vorgegeben. Die Schülerinnen und Schüler überlegen sich eine Situation, in der sie die Personen gemäß ihrem Charakter sprechen lassen. Diese Aufgabe ist anspruchsvoll, weil sie Vorstellungskraft verlangt, hermeneutische Fähigkeiten und sprachliches Können.

Die Fotos sind so gewählt, dass Schülerinnen und Schüler leicht passende Situationen finden können.

Lösungsbeispiele:

Foto oben:

„Ja, wir sind doch gleich zu Hause, Frederik. Es dauert nicht mehr lange. Zu Hause mache ich dir einen Tee und eine schöne Wärmflasche."

Foto unten:

„Lasst uns morgen einen Ausflug zum Kletterpark machen. Das wird bestimmt lustig und passieren kann dort auch nichts. Wir sind ja gesichert."

Leichter fällt den Schülerinnen und Schülern an der **Station 7** die Zuordnung von Eigenschaften zu Sprechhandlungen.

Hier die Lösungen von Jana, Anfang 7. Klasse:

Mein Eindruck von Egon: Ich halte Egon für einen kreativen, lustigen und spaßigen Menschen. Das erkennt man daran, dass er eine Party organisiert (kreativ) und weil er gern feiert (lustig, spaßig). Außerdem mag Egon die Natur sehr, denn er möchte am Baggersee feiern.

Tina wirkt auf mich optimistisch, ehrgeizig und selbstbewusst, weil sie sich sicher ist, dass sie den Ferienjob bekommt.

Paul macht einen selbstbewussten, optimistischen und aufmunternden Eindruck. Das sieht man daran, dass er sich sicher ist, dass sie es schaffen werden, das Fahrrad zu reparieren.

Phase 3

Lehrerhinweise zur Station 8 (S. 47 – 48)

Auch diese Station bietet ein geschlechtsspezifisch differenziertes Angebot.

Die Frage, ob man vom Äußerlichen, von der Kleidung, der Gestik und Mimik sowie der Körpersprache auf den Charakter schließen kann, beschäftigt die Menschen schon seit der Antike. Im 18. Jahrhundert erlebte die Physiognomik mit Lavaters Veröffentlichungen einen Höhepunkt. Auch heute beschäftigt diese Frage die Psychologen, Rhetoriker umd andere, erhofft man sich doch über die Kenntnis von Zusammenhängen zwischen Äußerem und Innerem zu treffenderen Einschätzungen von Menschen zu gelangen bzw. die Kenntnisse bei der Darstellung der eigenen Persönlichkeit zu nutzen. In einer Oberstufenklasse wäre es spannend, sich über das Thema auszutauschen. In der 7. und 8. Klasse ist es wichtig, vor vorschnellen Schlüssen zu warnen. Das Aussehen allein sollte nicht die Grundlage einer definitiven Beurteilung eines Menschen sein.

Äußere Erscheinung	Rückschlüsse auf den Charakter
Onkel Peter hatte immer im Ausland gelebt, zuerst einige Zeit in Südafrika, zuletzt in Australien. Florian kannte ihn nur von alten Familienfotos. Als er ihm gegenüberstand, fielen ihm gleich die langen blonden Haare auf, die ungekämmt bis zu den Schultern reichten. Er trug einen grünen verwaschenen Pullover mit unappetitlichen Flecken und eine zerschlissene Jeanshose. Florian zögerte einen Augenblick, dann streckte er ihm seine Hand entgegen und schaute zu ihm hoch. Zwei blaue Augen in einem braun gebrannten Gesicht blickten freundlich auf ihn herab und mit einem breiten Lächeln im Gesicht streckte er ihm ebenfalls die Hand entgegen.	*Der Onkel des Erzählers wirkt auf mich weltmännisch, weltoffen und fremden Menschen zugewandt, weil er lange im Ausland gelebt hat und sich freundlich dem Jungen zuwendet, ihn anlächelt und ihm die Hand entgegenstreckt.* *Er wirkt etwas schlampig und ungepflegt, wie die Kleidung und das Haar zeigen.* *Außerdem scheint er naturverbunden zu sein, wie das braungebrannte Gesicht verrät.*

Hier eine Schülerlösung (Anfang 7. Klasse)

Äußere Erscheinung	Rückschlüsse auf den Charakter
(Der Erzähler wartet in seinem Wagen auf seine Mutter.) Endlich sah er seine Mutter aus dem Haus treten; klein und kerzengerade näherte sie sich. Sie hatte ein dunkelgraues Jackenkleid an, über dem scharf angewinkelten linken Unterarm lag ihr Regenmantel, während sie mit der linken Hand ihre uralte Ledertasche und ihre Handschuhe trug.[1]	*Die Mutter des Erzählers wirkt auf mich streng, weil sie kerzengerade läuft und ihren Arm scharf abgewinkelt hat. Außerdem scheint sie mir etwas altmodisch, weil sie eine uralte Ledertasche bei sich trägt und ein dunkelgraues Jackenkleid trägt.*

---

[1] Aus: Alfred Andersch: Ein Liebhaber des Halbschattens, Zürich (Diogenes) 1974

Lehrerhinweise zu den Stationen 9, 10 und 11 (S. 49 – 53)

Den **Stationen 9 und 10** mit einem geschlechtsspezifisch differenzierenden Angebot liegen jeweils die gleichen fehlerhaften Texte zugrunde, die es zu überarbeiten gilt. Dabei geht es hier um den Stil: einen abwechslungsreicheren Satzbau und eine abwechslungsreichere Sprache.

Zwischen den beiden Aufgaben wird qualitativ differenziert: An der **Station 10 (a und b)** werden die Schwächen des Textes durch Wortmarkierungen hervorgehoben und unterschieden, während an der **Station 9 (a und b)** die stilistischen Schwächen erst gefunden werden müssen. Diese Station wird man deshalb eher leistungsstärkeren Schülerinnen und Schülern zur Bearbeitung geben.

Hier eine mögliche Lösung, die sich auf die stilistischen Schwächen konzentriert und auf weitere Überarbeitung verzichtet. So wäre es auch interessant zu wissen, wie Julia Musik macht. Wichtiger als das perfekte Endprodukt ist das Arbeiten am Stil.

Julia, meine beste Freundin

Das Mädchen, das ich beschreiben möchte, kenne ich seit der 5. Klasse. Inzwischen gehen wir zusammen in die 7. Klasse. Julia ist etwa 1,60 m groß. Ihre dunkelbraunen Haare reichen bis zu den Schultern. Auf ihr Äußeres, vor allem auf modische Kleidung, legt sie großen Wert. Musik mag sie sehr, sie macht auch selbst Musik. Liebevoll kümmert sie sich um ihre Hasen. Am meisten beeindruckt diese lustige und offene Person die anderen mit ihrem wunderschönen Lachen. Allen Menschen gegenüber zeigt sie sich freundlich. Für ihre Freundinnen hat sie immer ein offenes Ohr, sie steht ihnen in schwierigen Situationen zur Seite und überrascht sie gerne mit kleinen Aufmerksamkeiten.

Es verwundert deshalb nicht, dass ihre Freundinnen diesen ehrlichen, zuverlässigen und verschwiegenen Menschen besonders mögen, trotz ihrer launischen Art, die manchmal stört.

Ich mag sie aber trotzdem, deshalb ist sie auch meine beste Freundin.   *Jana*

Herr Ruhl, unser Sportlehrer

Es sind viele Lösungen denkbar. Im Kontext der Stationenarbeit genügt es, wenn sich die Schülerinnen und Schüler auf die angesprochenen Aspekte beschränken, auch wenn der Text noch an anderer Stelle verbesserungswürdig ist.

Herr Ruhl, unser Sportlehrer

Herr Ruhl, der außer Sport auch Erkunde unterrichtet, kam zum Schulhalbjahr an unsere Schule.

Er ist groß, schlank und sehr sportlich, was man an seiner Kleidung erkennen kann, und gehört zu den älteren Lehrern. Meistens trägt er einen Trainingsanzug. Man wundert sich bei seinem schon fortgeschrittenen Alter über den muskulösen Körper. Seine Figur erinnert an einen General. Die vielen Falten im Gesicht nimmt man gar nicht wahr, sondern nur den Humor, den es ausstrahlt. Nie scheint er schlecht gelaunt zu sein, höchstens manchmal etwas genervt, wenn es in der Klasse zu laut wird. Was er allerdings überhaupt nicht mag, ist, wenn Schüler kein Interesse zeigen. Schüler, die nicht bei der Sache sind, bestraft er, indem er sie als Vorführobjekte verwendet.

Herr Ruhl ist alles in allem ein verständnisvoller, netter und menschlicher Lehrer, und wir hoffen, dass er im nächsten Jahr unser Sportlehrer bleibt.   *Fabian*

An der **Station 11** sollen die Schülerinnen und Schüler erkennen, dass nicht nur Adjektive sich dafür eignen, Charaktermerkmale zu benennen.

Die zweite Aufgabe soll bewusst machen, dass die Verwendung einer neuen Wortart die Bedeutung ändern kann.

1. Mögliche Lösungen:

a) Franz ist *abenteuerlustig*. Er ist auch *furchtlos*, (wenn die Clique von ihm eine Mutprobe verlangt). Franz liebt das Abenteuer. Er kennt keine Furcht.

b) Hannah ist *anpassungsfähig*. Hanna kann sich gut anpassen.

c) Karin ist *modebewusst*. Für Karin spielt die Mode eine große Rolle.

d) Irene ist *anspruchsvoll*. Irene stellt hohe Ansprüche.

e) Hans ist oft *antriebslos*. Hans hat oft keinen Schwung. Hans fehlt oft der Antrieb.

f) Monika ist *fantasievoll*. Monika hat viel Fantasie.

g) Unser Lehrer ist *humorvoll*. Unser Lehrer hat viel Humor.

h) Mein Freund kann *nachtragend* sein, wenn man ihm einen Schaden zufügt. Mein Freund trägt einem nach, wenn ...; vergisst nicht so schnell, dass man ihm ...

i) Mein Banknachbar ist *schweigsam*. Mein Banknachbar sagt nicht viel.

j) Karla ist *verträumt*. Karla träumt oft vor sich hin.

k) Meine Mutter ist *geduldig*. Meine Mutter hat viel Geduld.

l) Mein Onkel ist meist *unnachgiebig*, wenn seine Kinder abends länger bei den Freunden bleiben wollen. Mein Onkel gibt meistens nicht nach, wenn ...

m) Der kleine Paul kann ganz schön *tyrannisch* sein. Der kleine Paul kann ein ganz schöner Tyrann sein.

2. „Er ist strebsam" – „Er ist ein Streber"

Während man dem Adjektiv positive Konnotationen zuweist (strebsam: zielstrebig, fleißig, konzentriert), ist das Substantiv „Streber" negativ konnotiert. Man denkt an einen Schüler, der sich als Musterschüler gebärdet, nur an seinen schulischen Erfolg denkt, als Ehrgeizling gilt, der sich selbst für den besten hält und oft in der Klasse ausgegrenzt wird.

Auch im zweiten Fall unterscheiden sich die Konnotationen. „Modebewusst" ist positiv konnotiert, „Modepuppe" negativ. Wer modebewusst ist, richtet sich in Kleidung und Stil nach der gegenwärtigen Mode. Die Modepuppe – eine Frau – legt in übertriebener Weise Wert auf modische Kleidung und eine modische Frisur. Sie verbringt viel Zeit vor dem Spiegel und interessiert sich kaum für anderes.

Lehrerhinweise zur Station 12 (S. 54 – 56)

Auch an dieser Station können die Schülerinnen und Schülern eine Auswahl treffen und ihr Lernen individuell gestalten. Sie üben vor allem, die Charakterisierung zu begründen.

Mögliche Lösungen:

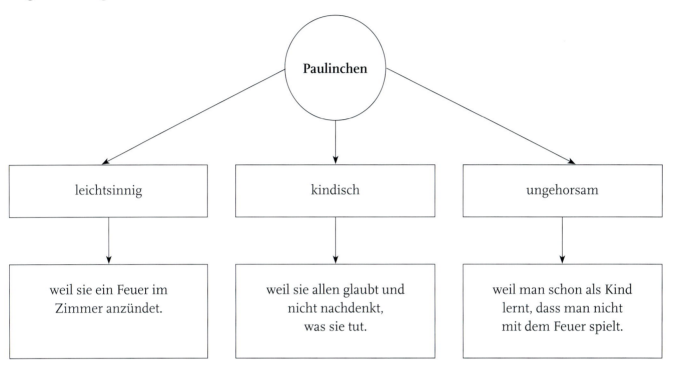

Philipp: ist **zappelig**; er bleibt nicht ruhig am Tisch sitzen. Er ist **geistesabwesend**, weil er sich nicht auf das Essen konzentriert. Er ist **ungezogen** und weiß sich nicht zu benehmen, **weil er mit dem Stuhl schaukelt**.

Hans ist **verträumt und geistesabwesend**, weil er seinen Gedanken nachhängt. Er ist **unaufmerksam**, weil er nicht auf den Weg achtet. Er ist stur, weil er seinen Weg fortsetzt, ohne nach rechts oder links zu blicken.

Phase 3

Lehrerhinweise zu den Stationen 13 und 14 (S. 57–63)

Die **Station 13** ist als binnendifferenzierende Station konzipiert. 13 b ist für Schülerinnen und Schüler mit eingeschränktem Wortschatz geeignet. Der Unterschied zwischen 13 a und 13 b besteht darin, dass an der Station 13 b die Lernenden angeregt werden, sich zunächst intensiv mit dem Lernmaterial zu beschäftigen.

An der **Station 14** werden die gleichen Teilfähigkeiten geübt, nämlich das Überschauen eines Wortfeldes und die Identifikation des Kuckuckseis. **Station 14 b** differenziert quantitativ durch die Reduktion des Umfangs der Einzelaufgaben und qualitativ durch die geringere Anzahl der Synonyme. Die Lehrperson gibt den Schülerinnen und Schülern die für sie geeignete Variante als Pflichtaufgabe.

LÖSUNG zu Station 14 a „Kuckuckseier":

U	N	V	E	R	N	Ü	N	F	T	I G

draufgängerisch
waghalsig, tollkühn, unerschrocken, wagemutig, furchtlos, ausgelassen, verwegen (*2. Buchstabe*)

aufgeschlossen
aufnahmebereit, ansprechbar, aufnahmefähig, aufnahmewillig, empfänglich, einfühlsam, interessiert (*3. Buchstabe*)

ausgleichend
versöhnlich, friedlich, tolerant, verständnisvoll, vermittelnd, vernünftig, duldsam, einsichtig, friedliebend, zuverlässig, verträglich, friedfertig (*3. Buchstabe*)

beharrlich
ausdauernd, durchhaltend, entschlossen, hartnäckig, besonnen, konsequent, standhaft (*2. Buchstabe*)

ehrgeizig
strebsam, eifrig, tüchtig, leistungswillig, geltungsbedürftig, schlagfertig, streberhaft (*9. Buchstabe*)

freigiebig
spendabel, großzügig, mildtätig, nobel, nachgiebig, großherzig, eine offene Hand habend (*1. Buchstabe*)

einfühlsam
fühlend, mitfühlend, teilnahmsvoll, mitleidig, gutmütig, sentimental (*5. Buchstabe*)

gutmütig
gutherzig, gütig, freundlich, gut, lieb, lebensfremd, wohltätig, barmherzig, menschlich, mild, sanft, sanftmütig (*5. Buchstabe*)

ideenreich
voller Einfälle, einfallsreich, erfinderisch, kreativ, fantasievoll, originell, produktiv, schöpferisch, geistreich, kontaktfreudig, spritzig, witzig (*8. Buchstabe*)

verständnisvoll
aufgeschlossen, einsichtig, entgegenkommend, gleichgültig, mitfühlend, tolerant, weitherzig, großherzig, großzügig, nachsichtig (*10. Buchstabe*)

verantwortungsbewusst
gewissenhaft, verantwortungsvoll, pflichtbewusst, verlässlich, großzügig, zuverlässig, pflichteifrig (*8. und 9. Buchstabe*)

LÖSUNG zu Station 14 b „Kuckuckseier":

V	E	R	N	Ü	N	F	T	I G

ausgleichend
versöhnlich, friedlich, tolerant, verständnisvoll, vernünftig, zuverlässig, verträglich, friedfertig (*3. Buchstabe*)

beharrlich
ausdauernd, hartnäckig, besonnen, konsequent, standhaft (*2. Buchstabe*)

ehrgeizig
strebsam, eifrig, tüchtig, leistungswillig, schlagfertig, streberhaft (*9. Buchstabe*)

freigiebig
spendabel, großzügig, mildtätig, nachgiebig, großherzig (*1. Buchstabe*)

einfühlsam
fühlend, mitfühlend, teilnahmsvoll, gutmütig (*5. Buchstabe*)

gutmütig
gutherzig, gütig, freundlich, lebensfremd, wohltätig, barmherzig, menschlich (*5. Buchstabe*)

ideenreich
einfallsreich, erfinderisch, kreativ, fantasievoll, originell, schöpferisch, geistreich, kontaktfreudig (*8. Buchstabe*)

verständnisvoll
aufgeschlossen, einsichtig, entgegenkommend, gleichgültig, mitfühlend, weitherzig (*10. Buchstabe*)

verantwortungsbewusst
gewissenhaft, verantwortungsvoll, pflichtbewusst, großzügig, zuverlässig (*8. und 9. Buchstabe*)

82

Phase 3

Lehrerhinweise zur Station 15 (S. 64–65)

Diese Station stellt an die Schülerinnen und Schüler hohe Anforderungen. Für Philipp, einen Schüler der 7. Klasse, ist die Lösung jedoch gemessen am Stadium des Kompetenzerwerbs gut und stellt deshalb ein Modell dar, an dem sich die Jugendlichen orientieren können. Bei der verbalen Begründung der Note kann keine differenzierte Darstellung erwartet werden. Erwarten kann man aber, dass Gründe für die Note genannt werden.

Mein Vater

Ich möchte jetzt meinen Vater vorstellen.
Mein Vater ist Mitte 40 und hat eine Figur, die, wenn man ihn von der Seite betrachtet, im Bauchbereich etwas ausschlägt. Seine Größe beträgt ca. 1,80 und er hat ein rundes Gesicht, aus dem einen zwei blaue Augen meistens ironisch anblicken.
Es fällt auf, wenn man ihn länger kennt, dass er sich in Hemd und Jeans am wohlsten fühlt. Außerdem legt er Wert auf gutes, manchmal teures Schuhwerk. Wenn er von der Arbeit zurückkommt, ist er meistens genervt und hat schlechte Laune. Dann setzt er sich an den Computer und will nicht gestört werden. Trotzdem ist er ein lustiger Kerl, der oft Witze reißt, Spaß versteht und sehr ironisch sein kann. Dies äußert sich vor allem, wenn es um Hausarbeit geht:
„Philipp, du räumst den Tisch ab, und Pascal, du machst die Küche.“ – „Wieso soll ich schon wieder die Küche machen? Das hab ich gestern schon!“ – „Na und? Du kannst das halt am besten.“ Und dann, während wir schuften, legt er sich im Garten in den Liegestuhl und liest. Außerdem liebt er Natur und Kultur, was sich in Form von Wanderungen und Museumsbesuchen auf uns auswirkt. Dies ist seine Art, so ist er nun mal, und ich mag ihn so, wie er ist.

Mögliche Punkte, die man in die Wertung einbeziehen könnte:

- Der Einstieg könnte origineller und anregender sein.
- Die Darstellung ist humorvoll und freundlich-ironisch gehalten, die Kinder werden das als witzig oder lustig bezeichnen, z. B. bei der Beschreibung des Bauchbereichs und der Reaktion des Vaters auf Hausarbeit sowie die Darstellung der Auswirkung seiner „Naturverbundenheit“ auf die Familie. Philipp verwendet auch Umgangssprache (schuften) als Mittel der Ironie.
- Die Verben „sein“ und „haben“ kommen häufig vor, was aber weniger stört, weil sich neben diesen Allerweltswörtern auch treffende Verben finden. Der Satzbau ist abwechslungsreich.
- Die Arbeit weist einen sinnvollen Aufbau auf, und zwar vom Äußeren zum Inneren, zum eigentlichen Charakter: vom Alter, der Figur und der Größe über die Kleidung zu seinem Wesen, seine schlechte Laune nach der Arbeit, sein Witz und seine Liebe zur Natur.

Hier eine verbale Begründung der Note „gut“:

Lieber Philipp, deine Charakeristik ist gut gelungen, weil man gut verstehen kann, wie dein Vater ist. Besonders gut gefallen hat uns, dass Beispiele vorhanden waren.

Phase 3

Lehrerhinweise zur Station 16 (S. 66 – 68)

Diese Station bereitet im Allgemeinen keine Schwierigkeiten. Die spielerische Form der Übung spricht die jungen Menschen an und motiviert sie. Sie ist deshalb für Kinder mit beschränktem Wortschatz besonders geeignet.

Lehrerhinweise Station 17 (S. 69)

Es sind viele Lösungen denkbar. Es genügt im Kontext der Stationenarbeit, wenn sich die Schülerinnen und Schüler auf die angesprochenen Aspekte beschränken, auch wenn der Text noch an anderer Stelle verbesserungswürdig ist. Es ist allerdings zu erwarten, dass sprachlich Gewandte auch andere Schwachstellen des Textes angehen.

Mögliche Lösung:

Dominik ist ca. 1,65 m groß, hat dunkelbraune Haare und eine sportliche Figur. Meistens ist er fröhlich. Was allerdings ganz schön nervt, ist seine Angewohnheit, in der Schule mit den Händen auf den Tisch zu trommeln. Nichts kann ihn davon abbringen.
Dominik gehört eher zu den Ruhigen in der Klasse, es kommt aber auch vor, dass er andere ärgert. Seinen Freunden und anderen Menschen gegenüber zeigt er sich hilfsbereit. Auch ist er ein großer Tierfreund, was man an seinen Haustieren, Fischen und Hasen, erkennt.

Phase 3

Lehrerhinweise zu Station 18 (S. 70)

Die Station fokussiert die Einleitung der schriftlichen Charakterisierung.

Lösung:

Einleitung	Bewertung (Ich halte die Einleitung für gelungen, weil .../nicht gelungen, weil)
1. Schon in der Grundschule verstanden Dominik und ich uns sehr gut. Wir trafen uns schon damals häufig in der Freizeit und spielten miteinander. Unser gemeinsames Hobby war und ist das Fußballspiel. Seit wir beide am gleichen Gymnasium sind, können wir zwar nicht mehr so viel Zeit miteinander verbringen, aber gute Freunde sind wir immer noch. (Dominik ist 1,65 m groß ...)	zu ausführlich, zu lang; dass Fußball ihr gemeinsames Hobby ist, gehört in den Hauptteil Schon in der Grundschule verstanden Dominik und ich uns sehr gut. Wir trafen uns schon damals häufig in der Freizeit, ~~und spielten miteinander. Unser gemeinsames Hobby war und ist das Fußballspiel.~~ Seit wir beide am gleichen Gymnasium sind, können wir zwar nicht mehr so viel Zeit miteinander verbringen, aber gute Freunde sind wir immer noch.
2. Das Mädchen, das ich charakterisieren will, ist erst im letzten Jahr in unsere Klasse gekommen. Aber von Anfang an fand ich sie sympathisch. Seit diesem Schuljahr sitzen wir nebeneinander und sind richtige Freundinnen geworden. (Yasmin ist für ihr Alter groß, schon über 1,70 m, ...)	gelungen, weil keine Charaktereigenschaften in der Einleitung genannt werden; weil Interesse geweckt wird.
3. Conny gehört zu denjenigen in der Klasse, die einem nicht auf den ersten Blick auffallen. Viele kennen sie kaum. Das soll sich ändern. Deshalb will ich sie vorstellen.	gelungen, weil der Text originell anfängt, anders als gewöhnlich; weil Interesse geweckt wird.
4. Ich möchte Marvin vorstellen. Marvin ist ein Typ, der immer für Abwechslung sorgt, ein richtiger Witzbold. Mit ihm wird es einem nie langweilig. Deshalb mögen ihn alle in der Klasse. Auch ich verstehe mich gut mit ihm. (Marvin ist ziemlich klein, ...)	zentrale Charaktermerkmale vorgezogen, die alle in den Hauptteil gehören

85

Phase 3

Lehrerhinweise Station 19 (S. 71)

Bei dieser Aufgabe wird wegen des jeweils fehlenden Hauptteils darauf verzichtet, die weniger gelungenen Schlusssätze überarbeiten zu lassen.

Nur Schlusssatz 2 ist eindeutig als solcher zu erkennen. Bereits der Satzanfang weist darauf hin: „Alles in allem". Mit dem Adjektiv „perfekt" wird offensichtlich eine Reihe positiver Charaktermerkmale, die zuvor genannt worden sind, zusammengefasst und gewertet. Sonst werden keine weiteren Eigenschaften mehr genannt, sondern der Schreiber oder die Schreiberin endet mit einem Hinweis auf die Beziehung zur charakterisierten Person.

Die Sätze 1 und 3 gehören noch zum Hauptteil: Sie benennen einzelne Charaktermerkmale, ohne diese in eine Gesamteinschätzung einmünden zu lassen. Der 4. Satz zeigt das Bemühen um Abrundung („den man gut als Freund haben kann"). Wenn mit den Adjektiven „ehrlich" und „hilfsbereit" die hervorstechenden Eigenschaften gemeint sind, die das Bild der Person stark prägen, dann muss das durch die Formulierung deutlich werden:

Was alle besonders schätzen: Dominik ist immer ehrlich und hilfsbereit. Das erklärt, warum ihn alle gern als Freund haben.

Phase 4

Auswertung und Leistungskontrolle (S. 12)

Die Auswertung des Laufzettels

- Die Auswertung erlaubt bereits erste Rückschlüsse auf den Leistungsstand der einzelnen Schülerinnen und Schüler, z. B. wenn geklagt wird, dass die Station zu schwer gewesen sei oder zu lang oder sehr leicht gefallen sei.
- Die Rückmeldungen schärfen zudem die Diagnosefähigkeit der Lehrperson. Man stellt z. B. fest, wessen Leistungsstand man über- oder unterschätzt hat. Cindy lässt sich z. B. auf alle Spiele gerne ein, tut sich aber schwer mit der Analyse von Texten.
- Sie regen zur Überarbeitung der Stationen durch die Lehrperson an, vor allem dann, wenn sich die Kritik an bestimmten Stationen bei unterschiedlichen Schülerinnen und Schülern wiederholt.
- Sie erlauben auch Rückschlüsse auf den Grad der Selbstständigkeit, mit der die Einzelnen ihr Lernen organisieren.

Cindys Laufzettel (7. Klasse)

Station	Pflichtstation Datum der Bearbeitung, Zeitspanne (wie lange?)	Wahlstation Datum Zeitspanne etc.	Handzeichen Unterschrift	Meinung/Bemerkung zur Station (schwer – warum?, leicht)
1 GA		16.06.08 15 min	Cindy	Die Station hat mir sehr gefallen, weil es ein Spiel war.
2 GA		18.06.08 15 min	Cindy	Die Station war sehr spaßig, weil es ein Spiel war.
3 EA	16.06.08 30 min		Cindy	Die Station dauerte eine Weile, war ein bisschen langweilig, weil man die Abschnitte einteilen musste.
4 PA		18.06.08 15 min	Cindy	Diese Station war leicht, weil man einen Text anhören musste und dann charakterisieren.
5 EA	13.06.08 45 min		Cindy	Sie war ziemlich lange, doch sie machte sehr Spaß.
6 PA		16.06.08 15 min	Cindy	Die Station war lustig, und leicht wegen der Charakterisierung.

Die Auswertung des Portfolios

Diese kann im Allgemeinen schnell erfolgen, weil die einzelnen Aufgaben kurz sind. Es kommt dabei auch nicht auf eine minutiöse Korrektur an, sondern darauf, dass die wesentlichen Schritte der Charakterisierung in den Blick genommen werden. Auf einen Ausdrucksfehler, der unkorrigiert bleibt, kommt es hier nicht an.

Die Bewertung des Portfolios ermöglicht eine detaillierte Rückmeldung zum Entwicklungsstand der einzelnen Schülerinnen und Schüler. Aber auch dabei sollte man das Wesentliche im Auge behalten und eine abschließende Standortbestimmung vornehmen.

87

Phase 4

Ein Beispiel:

Lieber Florian,
du hast dir an den meisten Stationen große Mühe gegeben, wenn auch die Ergebnisse nicht alle die gleiche Qualität haben.
Gut gelungen ist die Analyse des Dialogs zwischen Sarah und Tina, die du beide treffend charakterisiert hast. Nicht ganz so
angestrengt hast du dich, wenn es darum ging, eigene Texte zu schreiben. So ist der Paralleltext (Station 8) sehr knapp aus-
gefallen. Das Schreiben einer eigenen Charakteristik ist schließlich unser Ziel. Überarbeite bitte diesen Text und gib ihn mir
zur Korrektur.
Alles Weitere kannst du meinen Randbemerkungen entnehmen.

Das Studium der Portfolios hat zudem ergeben, dass die Arbeit an den Lernstationen längere, intensive Phasen der
Schreiberziehung nicht ganz ersetzen kann. Manche Schülerinnen und Schüler brauchen beim Erarbeiten einer
Schreibform noch mehr Hilfe und mehr Kontrolle durch die Lehrperson, und zwar während des Erarbeitungspro-
zesses. Wenn die Lehrperson dies während der Stationenarbeit bemerkt, kann sie diese Kinder auch individueller
betreuen. Es empfiehlt sich aber in jedem Fall, im Anschluss an die Stationenarbeit, noch vor der Klassenarbeit, in
der man Charakteristiken schreiben lässt, eine kurze Phase der Schreiberziehung anzuschließen, mit Planungs-,
Schreib- und Überarbeitungsphase, um das Erlernte zusammenzuführen und noch einmal zu sichern.

Leistungsüberprüfung

Allgemeines
Die Lernstationen zielen nicht primär auf das Schreiben einer Charakteristik, sondern schaffen die Voraussetzungen dafür, z. B. durch Erweiterung des charakterisierenden Wortschatzes, durch Entwicklung des Sprachgefühls,
Bewusstmachen des Aufbaus, partielle Fokussierung des Stils, Entwicklung der hermeneutischen Kompetenz und
Begründen der Charakterisierung. Es empfiehlt sich deshalb, den Lernerfolg auch mithilfe eines Tests zu überprüfen, der passgenauer als eine Charakteristik Aussagen darüber erlaubt, ob und was die Schülerinnen und Schüler
an den Stationen gelernt haben.

Phase 4

Test

1. Streicht die „Kuckuckseier" durch.

a) sparsam – anspruchslos – ahnungslos – bescheiden – wunschlos

b) aufbrausend – reizbar – erregbar – hitzköpfig – aufdringlich – unbeherrscht

c) schüchtern – zurückhaltend – unsicher – unruhig – gehemmt – verkrampft

d) rücksichtslos – ichbezogen – selbstständig – eigennützig – egoistisch

2. Die folgenden Adjektive gehören zu den drei Wortfeldern „beherrscht", „höflich" und „kleinlich". Ordne sie dem jeweiligen Wortfeld zu:

manierlich – bedächtig – übergenau – zuvorkommend – freundlich – pingelig – besonnen – ruhig – bürokratisch

W 1

beherrscht			

W 2

höflich			

W 3

kleinlich			

3. Felix' Charakter

Johannes möchte gerne mit seinen Freunden eine mehrtägige Fahrradtour unternehmen und im Zelt übernachten. Seine Eltern sind dagegen und wollen es ihm nicht erlauben. Er informiert seinen Freund Felix über die aktuelle Lage. In der Sprechblase findest du Felix' Antwort.

Auf welche Eigenschaften lässt diese schließen? Schreibe unten weiter. Begründe deine Einschätzung.

Ob deine Eltern dir erlauben, mit uns eine mehrtägige Fahrradtour zu machen, mit Zelten? Das wäre ja noch schöner! Das setzen wir bei deinen Eltern durch. Das ist überhaupt kein Problem! Ich weiß, was man da tun muss. Wir gehen sofort zu deinem Vater und erklären ihm, dass wir nicht in der freien Natur, sondern ausschließlich auf einem Campingplatz zelten werden. Das wird ihn beruhigen. Was wir in Wirklichkeit machen, können wir uns ja noch überlegen. Dann erkläre ich ihm, dass mein Vater mindestens an einem Abend mit dem Auto vorbeikommt. Das ist zwar nicht sicher, aber könnte ja sein. Hauptsache, du darfst mit!

Felix

89

Phase 4

Ich halte Felix für _____

_____

_____

_____

Außerdem ist er _____

_____

_____

4. Caroline hat ihre beste Freundin charakterisiert. Dabei hat sie, ohne weiter nachzudenken, niedergeschrieben, was ihr in den Sinn kam. Bringe die Sätze in eine sinnvolle Ordnung und mache auch Abschnitte. Verbessere den Text sprachlich, wenn es dir sinnvoll erscheint.

Anja

Anja ist meine beste Freundin. Ich hoffe, dass unsere Freundschaft noch lange andauert.

Anja lacht gerne und oft, auch im Unterricht, sie ist ein ausgesprochen lebensfroher Mensch, dessen Fröhlichkeit die anderen ansteckt. Wir kennen uns schon seit dem Kindergarten. Anja ist sehr schlank und trägt am liebsten Jeans, ein einfaches Shirt und Turnschuhe.

Sie ist etwa 1,60 m groß. In ihrer Freizeit geht sie gerne ins Schwimmbad. Am liebsten verbringt sie den ganzen Tag draußen mit ihren Freunden, so dass man sie telefonisch nur schwer erreichen kann.

Sie hat schwarze schulterlange Haare, die sie zu einem Zopf zusammengebunden hat. Sie hat blaue Augen und lange schwarze Wimpern, die einem auffallen, wenn man ihr ins Gesicht blickt.

Anja kann man alles anvertrauen, jedes Geheimnis, auch wenn einem etwas Peinliches passiert ist. Sie erzählt es niemandem weiter. Auch wenn man jemandem zum Ausheulen braucht, ist sie für einen da.

5. Sein und haben, die „Allerweltswörter"

In den beiden Texten häufen sich die beiden Verben „sein" und „haben". Schreibe einen der beiden Texte so um, dass „haben" und „sein" jeweils nur einmal vorkommen.

Dominik

[...] Dominik <u>ist</u> ein ruhiger Typ. Er <u>ist</u> nicht so leicht aus der Ruhe zu bringen. Er <u>ist</u> auch zuverlässig und hilfsbereit, wenn man ihn braucht. Seine Freunde schätzen an ihm besonders, dass er so ehrlich <u>ist</u>.

Caro

Caro <u>hat</u> immer gute Ideen, mit ihr wird es einem nie langweilig. Auch liebt sie Tiere. Zu Hause <u>hat</u> sie einen richtigen Zoo: einen Hamster, zwei Hasen, ein Meerschweinchen und eine Ratte. Sie <u>hat</u> übrigens viel Selbstbewusstsein. Sie weiß, was sie will und <u>hat</u> keine Probleme, ihre Wünsche durchzusetzen.

Phase 4

Lösungen

1. Streicht die „Kuckuckseier" durch.

a) sparsam – anspruchslos – ~~ahnungslos~~ – bescheiden – wunschlos
b) aufbrausend – reizbar – erregbar – hitzköpfig – ~~aufdringlich~~ – unbeherrscht –
c) schüchtern – zurückhaltend – unsicher – ~~unruhig~~ – gehemmt – verkrampft
d) rücksichtslos – ichbezogen – ~~selbstständig~~ – eigennützig – egoistisch

2. Die folgenden Adjektive gehören zu drei Wortfeldern. Ordne sie dem jeweiligen Wortfeld zu:

beherrscht – ruhig – besonnen – bedächtig
höflich – zuvorkommend – manierlich – freundlich
kleinlich – pingelig – übergenau – bürokratisch

3. Felix' Charakter:

Charaktermerkmale	Begründung
selbstbewusst, eingebildet	glaubt, dass **er** das Problem lösen kann
spontan, aktiv, zielstrebig	Er will sofort zu Johannes' Vater und mit ihm reden.
schlau	Er weiß, wie er den Vater beruhigen kann.
unehrlich, verlogen	Es ist nicht sicher, ob die Jungen auf dem Campingplatz zelten werden, will es aber als Gewissheit hinstellen. Das gilt auch für den Besuch von Felix' Vater.

4. Anja

Anja ist meine beste Freundin. Wir kennen uns schon seit dem Kindergarten.

Einleitungssatz vom Text absetzen

Sie ist etwa 1,60 m groß und hat schwarze schulterlange Haare, die sie zu einem Zopf zusammengebunden hat. Sie hat blaue Augen und lange schwarze Wimpern, die einem auffallen, wenn man ihr ins Gesicht blickt. Anja ist sehr schlank und trägt am liebsten Jeans, ein einfaches Shirt und Turnschuhe.

Äußeres und Allgemeines (Größe, Haare, Augen, Figur, Kleidung) zuerst nennen
Zweimaligen Satzbeginn mit **sie** vermeiden

In ihrer Freizeit geht sie gerne ins Schwimmbad. Am liebsten verbringt sie den ganzen Tag draußen mit ihren Freunden, so dass sie telefonisch nur schwer zu erreichen ist.

Hobbys absetzen

Sie lacht gerne und oft, auch im Unterricht, sie ist ein ausgesprochen lebensfroher Mensch, dessen Fröhlichkeit die anderen ansteckt. Anja kann man alles anvertrauen, jedes Geheimnis, auch wenn einem etwas Peinliches passiert ist. Sie erzählt es niemandem weiter. Auch wenn man jemandem zum Ausheulen braucht, ist sie für einen da.

Wesensmerkmale voneinander absetzen

Steigerung: Verschwiegenheit ist eine wertvolle Eigenschaft

Ich hoffe, dass unsere Freundschaft noch lange andauert.

Schlusssatz

91

Phase 4

5. Sein und haben, die „Allerweltswörter"

Mögliche Lösungen:

Dominik

[...] Dominik ist ein ruhiger Typ. Nichts bringt ihn so leicht aus der Ruhe. Auf ihn kann man sich immer verlassen; auch hilft er einem, wenn man ihn braucht. Seine Freunde schätzen an ihm besonders seine Ehrlichkeit.

Caro

Caro fehlt es nie an Ideen, mit ihr wird es einem deshalb auch nie langweilig. Auch liebt sie Tiere. Zu Hause hat sie einen richtigen Zoo: einen Hamster, zwei Hasen ein Meerschweinchen und eine Ratte. An Selbstbewusstsein fehlt es ihr nicht. Sie weiß, was sie will und kann ihre Wünsche problemlos durchsetzen.